Karlo Meyer

Wie die Konfis zur Kirche kommen

Fragen, Erfahrungen, Konzepte

Vandenhoeck & Ruprecht

Mit 9 Abbildungen

Bibliografische Information der Deutschen Nationalbibliothek

Die Deutsche Nationalbibliothek verzeichnet diese Publikation
in der Deutschen Nationalbibliografie; detaillierte bibliografische
Daten sind im Internet über http://dnb.d-nb.de abrufbar.

ISBN 978-3-525-58034-9
ISBN 978-3-647-58034-0 (E-Book)

Umschlagabbildung: Jörg Rautenberg © www.fotolia.com

Satz: textformart, Göttingen
Druck und Bindung: ⊕ Hubert & Co, Göttingen

Gedruckt auf alterungsbeständigem Papier.

Inhalt

Vorwort

Konfirmanden und Gemeindegottesdienst – wie passt das zusammen? Als Pastor in der Lukasgemeinde in Hildesheim-Ochtersum beschäftigte mich, je länger, je drängender die Frage nach praktikablen Linien für eine sinnvolle Arbeit mit den Konfirmandinnen und Konfirmanden im Gottesdienst. So entstand die Idee eines Projekts vergleichender Feldforschung, die ich in den Jahren 2008 bis 2011 durchführen konnte. In diesem Buch fasse ich die Ergebnisse zusammen und übertrage sie auf die Praxis – in der Hoffnung, dass die Forschungsperspektive allen, die in der Konfirmandenarbeit aktiv sind, den Blick schärft.

Neben diesem Buch erscheint ein ausführlicher Band für Experten. Wer also mehr zu Methoden oder Details der wissenschaftlichen Untersuchung wissen will, dem sei der Band „Gottesdienst in der Konfirmandenarbeit. Eine triangulative Studie" (2012) herzlich empfohlen. Alle im Folgenden genannten Ergebnisse beziehen sich, falls nicht anders gekennzeichnet, auf die in der Untersuchung herangezogene Stichprobe.

Viele Gemeinden und Jugendliche, die allesamt im Sinne des Persönlichkeitsschutzes anonym bleiben, haben zu diesem Buch beigetragen. Ihnen sei herzlich gedankt. Für die kritische Durchsicht dieses Bandes danke ich Ludwig Meyer, Tina Meyer, Christian Meyer, Mo Yanik und Christian Erchinger.

In dieses Buch habe ich Passagen anderer eigener Bücher und Aufsätze aufgenommen, die schon veröffentlicht sind, außerdem Tabellen und Gesprächspassagen aus der oben genannten Studie. Beim ersten und sechsten Kapitel greife ich auf zwei Aufsätze zum Thema zurück (K. Meyer 2008 und 2009). Kleinere Änderungen in der Wortwahl sind dabei nicht eigens kenntlich gemacht.

1 Einstimmung

1.1 Konfi Conny, Diakon Dirk und der Gottesdienst als Lernaufgabe

Conny ist 13 Jahre alt und steht am Beginn ihrer Konfirmandenzeit. Sie ist im Wohnzimmer und hat gerade ihr Frühstück beendet – Sonntagmorgen um 9.45 Uhr. Schnell noch den letzten Bissen, dann muss sie los: das erste Mal zum Hauptgottesdienst in die Kirche. Als sie die Treppe hinuntergeht, überlegt sie, wann sie schon Gottesdienste erlebt hat: Da waren die Krippenspiele zu Weihnachten, der Einschulungsgottesdienst vor sieben Jahren und noch zwei Taufen von Cousins. Aber an normale Sonntagsgottesdienste kann sie sich nicht erinnern. Wahrscheinlich sind sie so ähnlich wie die Taufen, überlegt sie. Auf der Straße gehen ihr die Stimmen anderer durch den Kopf. Olaf meinte, dass es dort langweilig sei. Sie denkt an die Großmutter, die gern im Fernsehen den Gottesdienst sieht. Ihre Freundin Lea hilft beim Kindergottesdienst und hat Conny schon gefragt, ob sie mitmachen will. Dann steht Conny vor der Kirchentür und drückt die Klinke herunter. Die Tür öffnet sich …

Ich unterbreche hier. Was wird sie in der Kirche erleben? Welche ersten Klänge, Gesichter, vielleicht Gerüche, was für eine Atmosphäre wird sie wahrnehmen? Was könnte Conny lernen, wenn alles richtig gut geht?

Lernen? Vielleicht fragen Sie sich: Ist denn der Gottesdienst eigentlich ein Lernort? Keine Frage, im Zusammenhang mit der Konfirmandenarbeit wird im Gottesdienst Gottesdienst kennengelernt. Natürlich ist Gottesdienst mehr und erst einmal anderes als eine Lernaufgabe, auch etwas, was sich auf der Ebene der Gottesbeziehung pädagogischen Lernvorgängen entzieht, aber das ist eine andere Ebene. „Gottesdienst" als Thema und eben auch das Mitvollziehen von Gottesdienst ist im Rahmen der Konfirmandenarbeit ein pädagogischer Baustein. Vorausgesetzt ist dabei ein Einverständnis der Konfirmandinnen und Konfirmanden, das in manchen Gemeinden beim Eintritt durch einen eigenen „Vertrag" mit den Jugendlichen ausgedrückt wird oder sonst durch den Elternwillen bei der Anmeldung bekundet ist.

Was soll gelernt werden? Die braunschweigische Landeskirche bringt es explizit zu Papier: Die Konfirmandinnen und Konfirmanden sollen den gemeindlichen Gottesdienst kennenlernen.[1] In einem weiteren Rahmen kann man dieses Lernziel mit Christian Grethlein als einen Aspekt des übergeordneten Zieles „Christ sein zu können"[2] bezeichnen. Das „können" drückt aus, dass es auch im Binnenbereich der Kirche nicht um Indoktrination geht (Lernziel ist nicht „Christ sein" – das ist keine Lernfrage), sondern um Orientierung, um Connys Kompetenz „sich im Gottesdienst und bei Andachten zurecht zu finden", falls sie sie in Anspruch nehmen will.

Wir wissen alle: Die Wirklichkeit des dazu praktizierten „Lernangebotes Gottesdienst" sieht häufig nicht besonders rosig aus. Doch die Probleme sind schon Jahrzehnte alt. Schon Walter Neidhart schreibt 1964 von der faktischen Situation: Die Konfirmanden „sind trotz aller Schwänzerei beinahe die regelmäßigsten Kirchgänger der Gemeinde. [Doch:] Sie tuscheln miteinander bis zum Anfangslied, und es soll vorkommen, daß sie noch während der Predigt etwas zu schwatzen oder zu kichern haben ...".[3] Dann kommt Neidhart allerdings zu den impliziten Ansprüchen: „Wird ihnen wohl mit diesem regelmäßigen Kirchgang der evangelische Gottesdienst zur geistlichen Heimat?"[4] Die

---

1 Bekanntmachungen der Rahmenrichtlinien für den Konfirmandenunterricht, Landeskirchliches Amtsblatt der Ev.-luth. Landeskirche in Braunschweig, März 1990; 3.1 Rahmenrichtlinien S. 3.
2 Chr. Grethlein (2006), S. 2–18, passim.
3 W. Neidhart (1964), S. 123.
4 W. Neidhart (1964), S. 123 f.

Antwort ist auch damals vor gut 50 Jahren bei Neidhart schon ein „Nein". Er wird ohne weitere pädagogische und soziale Anstrengungen der Gemeindeleitung noch lange nicht zur Heimat!

Ich stelle mir Connys Diakon und KU-Leiter (Konfirmandenunterrichtsleiter) vor und nenne ihn „Dirk". Dirk will es besser machen als der Durchschnitt. Er hat gesehen, wie Conny an die Kirchtür getreten ist, wie sie ein wenig zögerlich die Klinke gedrückt hat, und er dachte: „Mensch, die geht da zum ersten Mal hin. Wie kann ich sie bei dieser Ersterfahrung unterstützen?" Nach dem Gottesdienst kommt er nicht mehr dazu, mit ihr selbst zu sprechen, aber der Gedanke bleibt hängen. Und während Dirk in den nächsten Tagen das Thema in Gedanken umkreist, stößt er gleich auf drei Hemmnisse, die sich mit dem Lernen von Gottesdienst verbinden können.

1.2   Drei Hemmnisse trotz Dirks Elan

Dirk war vorher auf dem Lande in einem recht traditionsbewussten Ort. In seiner neuen Gemeinde stellt er fest, dass eine Mehrzahl der Konfirmandinnen und Konfirmanden den normalen Sonntagsgottesdienst um 10.00 Uhr noch nie erlebt hat. Gottesdienst und Andachten befinden sich bis auf Weihnachten und Kasualien außerhalb ihrer Lebenswelt, sind etwas Fremdes.

Hierzu könnte man mit einigen Wissenschaftlern feststellen: Die religiöse Sozialisation ist in vielen Gebieten Deutschlands zusammengebrochen.[5] Darüber hinaus stellen sie noch fest, dass dabei auch religiöse Sprache verloren gegangen ist. Religiöses kann gar nicht mehr ausgedrückt werden. Es schwindet „das

---

5   Chr. Bizer (1993), S. 119–130, S. 121 f.

Vokabular, die Fähigkeit, religiöse ... Gedanken äußern zu können; ... Glaube wird ... nicht nur unsichtbar, sondern auch sprachlos" (R. Köcher).[6]

> Vier Tage später trifft Dirk Conny und fragt: „Wie war denn der Gottesdienst?" Und sie sagt nach leichtem Zögern: „Tja, war wie ... ein ... Gottesdienst."[7] Conny hat gar keine Begriffe für das, was sie erlebt hat. Sie hat kaum Anknüpfungsmöglichkeiten an Vorerfahrungen. Dirk folgert für Conny und die anderen Konfirmand/innen: Während sie erste Erfahrungen machen, müssen sie zugleich ein paar Grundbegriffe lernen. Es geht auch um religiöses „Alphabetisieren".

Das zweite Hemmnis, auf das Dirk trifft, ist ein akademisches. Dirk sucht grundlegende pädagogische Literatur, Bücher zum Thema; er findet wenig Allgemeines, aber viele kleine Einzelideen von Praktikern. Vor ihm haben das schon andere festgestellt. Rund fünfzehn Jahre ist es her, da sah das Feld mehr als karg aus. Michael Meyer-Blanck schreibt 1996: „Der Gottesdienst wird religionsdidaktisch in der Regel nicht einmal einer Auseinandersetzung gewürdigt."[8] Christian Grethlein redet in Bezug auf den Religionsunterricht im selben Jahr vom „weitgehenden Vergessen der liturgischen Dimension."[9]

Wenn Dirk sich trotz seines engen Terminplans länger damit befassen könnte, würde er feststellen, dass eine Ursache offenbar darin liegt, dass die Wissenschaft der Liturgik und die Wissenschaft der Religionspädagogik lange getrennt bearbeitet wurden. Das hat verschiedene Ursachen (angefangen bei der geistlichen

---

6 R. Köcher (1987), S. 169 (ein katholisch geprägter Aufsatz, bei dem allerdings diverse Fragen offen bleiben).

7 Wörtliches Zitat aus einer Befragung von Karlo Meyer 2005, nicht veröffentlicht.

8 M. Meyer-Blanck (1996), S. 83–93, S. 85, in der Anm. in Diskussion mit H. Schmidt, Lit., s. dort.

9 Chr. Grethlein (²1996), S. 377–393, S. 382.

Schulaufsicht im 19. Jahrhundert und dem Protest der Pädagogen dagegen), die Folge ist aber eindeutig. Diejenigen, die religionspädagogisch geschult sind und hierzu wissenschaftlich gearbeitet haben, sind selten die, die im Bereich Gottesdienst und Andacht akademisch reflektierende Literatur veröffentlicht haben. In den letzten Jahren änderte sich das teilweise und es finden sich kleinere Lichtblicke. Dirk trifft auf drei Schriften (die hier als Beispiele für einige andere stehen):

- B. Husmann/Th. Klie: Gestalteter Glaube. Liturgisches Lernen in Schule und Gemeinde. TLL Thema. Göttingen 2005
- H.-M. Lübking: Gottesdienst für Jugendliche. Praxismaterialien für alle Sonn- und Feiertage des Kirchenjahres. Düsseldorf 1998 ff
- Chr. Berthold-Scholz/C. Rudolff, Verstehen, was läuft. Eine Erschließung der agendarischen Liturgie für Jugendliche und Erwachsene in der Konfirmandenarbeit, Kassel, 2011

Schließlich steht Dirk bei ersten konkreten Überlegungen zum Unterricht vor einem dritten Hemmnis: der Komplexität von Gottesdienst und seinen Elementen. Dirk hat nach seinem eigenen ersten Gottesdienst in der neuen Gemeinde festgestellt: Hier läuft ja alles anders als bei meiner alten Gemeinde.

Und erst recht Conny: Nachdem sie die Klinke heruntergedrückt hatte, erlebte sie eine Vielfalt von Eindrücken: das Gemurmel, das Licht, viele Gesichter, Orgelmusik, Gitarrenmusik, Melodien, Bilder, Geschichten, Choräle und auch Gerüche einer Kirche. Sie alle harmonieren oder harmonieren auch nicht. Rainer Volp hat dies das „Sprachenorchester des Gottesdienstes" genannt.[10] Viele oft kleinteilige Elemente lösen einander ab. Conny hat erst einmal festgestellt, dass man ganz bequem und ein wenig passiv dabei sein kann. Wenn sie dennoch bei vielem noch sehr im Unklaren wäre, würde das kaum überraschen. Umso schwerer ist

---

10 R. Volp (1992), S. 61, 120, 125 u.ö. Vgl. Auch schon Bieritz (1983), S. 27 ff.

es, das Thema im Unterricht aufzufangen. Ansatzpunkte für den Unterricht gäbe es in Hülle und Fülle. Aber wo wäre Conny „abzuholen"?

1.3   Drei Hemmnisse mangels Connys Elan

Auch auf Connys Seite (und der ihrer gleichaltrigen Mit-Konfirmandinnen und -Konfirmanden) gibt es „Hemmnisse", die unter anderem mit dem Alter zu tun haben. Warum gerade dieses Alter von 12 bis 14 Jahren als Konfirmandenzeit? Diese Festlegung hat historische Wurzeln. Zunächst gab es kein bestimmtes Alter für das Katechumenat; es konnte sich noch im 17. Jahrhundert mit einer lebenslang regelmäßig erneuerten Prüfung verbinden.[11] Spätestens aber die Einführung der Schulpflicht im 18. Jahrhundert führte zu einer deutschlandweiten Koppelung von Schulabschluss (damals oft mit 14 Jahren) und Konfirmation.[12] Das Schulabschlussalter änderte sich, das Konfirmandenalter blieb. Das ist an sich kein Problem, doch mit eben diesem Alter verbinden sich spezifische Konstellationen:

Die erste besteht in der unterschiedlichen Entwicklung in dieser Altersklasse: Wer eine Gruppe von Konfirmandinnen und Konfirmanden das erste Mal sieht, dem fällt die Unterschiedlichkeit körperlicher Reife trotz Gleichaltrigkeit auf. Conny ist ein wenig „weiter" als Frank. Insbesondere Mädchen haben oft nicht nur physisch, sondern auch in ihrer Reflexionsfähigkeit einen deutlichen Vorsprung.

„Mädchen sind den Jungen in diesem Alter in der körperlichen Reife im Schnitt ein bis zwei Jahre voraus; dabei gibt es allerdings innerhalb der Geschlechtergruppe große individuelle Unterschiede. Kindliche Jungen und großgewachsene Männer, knabenhafte Mädchen und ‚erwachsene Frauen' sitzen

---

11   J. Schildmann / B. Wolf (1979), S. 13.
12   J. Schildmann / B. Wolf (1979), S. 15.

… nebeneinander."[13] Man kann geradezu von einem „grotesken Eindruck" reden.[14] Erst im zweiten Konfirmandenjahr, wenn die meisten in der 8. Klasse sind, beginnt sich dieses Ungleichgewicht auszugleichen. K. Schlenker-Gutbrod hat zur Illustration der Vielfalt einige Beispiele zusammengestellt: „Lukas spielt noch mit Legos, am liebsten mit seinem jüngeren Bruder und dessen Freunden. An seiner Konfirmandenzeit findet er die Spiele am besten. Kevin steckt voll in der pubertären Trotzhaltung. Hauptsache auffallen, erst mal dagegen sein, provozieren und Grenzen austesten. Lilly ist recht klein und schüchtern … Katja ist schwanger … Gustav ist alles egal … Lukas, Kevin, Lilly, Katja und Gustav nehmen am Konfirmandenunterricht teil. Sie sind zwar alle 13 Jahre alt, aber freiwillig würden sie wohl kaum miteinander Zeit verbringen, ihre Interessen und Charaktere sind zu unterschiedlich …"[15] Das macht es durchaus nicht einfach, weder für Frank noch für Conny, eine gemeinsame Ebene zum Gespräch zu finden. Erst recht wird es für Dirk schwer, für beide Anknüpfungspunkte anzubieten, durch die gemeinsame Lehr-Lern-Prozesse gelingen.

Als Zweites kommt in diesem Alter eine neue soziale Ausrichtung hinzu: Aus entwicklungspsychologischer Sicht befinden sich die Konfis in der Mehrzahl in der Phase der Ablösung von den Eltern und der Hinwendung zur Gruppe der Peers, also der Gleichaltrigen.[16] Während die familiären Beziehungsmuster in dieser Altersphase auch bei Konflikten eingespielt sind, wird unter den Jugendlichen noch Grundlegendes gelernt: „Kontakt aufnehmen, aufrecht erhalten, aber auch abbrechen zu können, sich auf ‚sozialverträgliche' Weise in die Gruppe einbringen und sich in Beziehungen öffnen zu können. Da Peer-Kontakte leicht beendet werden können, verlangen sie nach besonderen Kon-

---

13 K.-J. Tillmann (1992), S. 13. Dabei greift Tillmann auf Formulierungen zurück, die sehr ähnlich bei Fend zu finden sind; H. Fend (1990), S. 140.
14 H. Fend (1990), S. 140.
15 K. Schlenker-Gutbrod (2006a), S. 30.
16 F. Schweitzer (2003), S. 10.

fliktlösungsstrategien. Dafür bietet die Familie mit ihren stärker eingespielten, ‚behüteten' Beziehungsmustern kaum Lerngelegenheiten ..."[17]

Natürlich will Conny ihre Freizeit lieber mit Miriam verbringen als mit den Eltern. Peers können neue Ausgleichssysteme bilden. Besonders im Alter zwischen 14 und 16 Jahren nimmt deren Bedeutung zu. „Die Gruppe bietet die Chance, soziale Handlungskompetenzen zu entwickeln: Gemeinsamkeiten müssen festgestellt, Bedürfnisse respektiert und Spannungen ausgehalten werden."[18]

Dabei geht es nicht um eine vollständige Ablösung der Eltern-Kind-Beziehung, sondern eher um eine Reorganisation, wobei die Tendenz deutlich ist:[19] 13- bis 18-Jährige stimmen „zu 59 % der Aussage zu: ‚Bei gleichaltrigen Freunden und Freundinnen lerne und erfahre ich mehr als bei Erwachsenen'".[20]

Der sonntägliche Gottesdienst ist eine Veranstaltung, die in der Regel deutlich durch die Welt der Erwachsenen geprägt ist. Gottesdienst-Lernen ist also auch eine Einübung in die religiöse Welt von Erwachsenen. Dafür Interesse bei Conny zu wecken, dürfte schwer fallen.

Neben den zuvor beschriebenen eher physisch, sozial und psychologisch ausgerichteten Aspekten sind als drittes Hemmnis auch religionsspezifische Alterscharakteristika zu nennen: Zu der ohnehin nur wenig vorhandenen Religionssozialisation tritt in diesem Alter noch ein zunehmendes Desinteresse an religiösen Themen. Mit zunehmender Hinwendung zur Peer-Group wird in diesen Gruppen „eine Atmosphäre erzeugt, in der es für religiöse Fragen keinen Raum zu geben scheint."[21] Helmut Fend

---

17 J. Ecarius / M. Eulenbach / Th. Fuchs / K. Walgenbach (2011), S. 126.
18 K. Schlenker-Gutbrod (2006a), S. 31.
19 J. Ecarius / M. Eulenbach / Th. Fuchs / K. Walgenbach (2011), S. 126 f.
20 J. Ecarius / M. Eulenbach / Th. Fuchs / K. Walgenbach (2011), 127 mit Verweis auf J. Zinnecker / I. Behnken / S. Maschke / L. Stecher (2002), S. 147. Dort wurden 720 Jugendliche befragt.
21 F. Schweitzer (2001), S. 86.

hat eindrücklich den Rückgang religiöser Gespräche im Alter zwischen dreizehn und sechzehn dargestellt: von einem ohnehin schon niedrigen Niveau auf die Hälfte der vormaligen Werte.[22] Man kann mit F. Schweitzer sogar von einer „Tabuisierung von Religion" sprechen, „weil entsprechende Äußerungen leicht als peinlich empfunden werden."[23]

Ebenso sinkt nach S. Heil das Interesse am Fach Religion in dieser Zeit (genauer: bis zum 14./15. Lebensjahr), um danach (etwas abweichend von Fends Entwicklungslinie) wieder anzusteigen.[24]

Für viele, sicherlich nicht alle, ist die Frage nach Gott in dieser Phase nicht zentral. Fowler spricht darüber hinaus davon, dass vielen kaum bewusst ist, irgendwelchen Glaubensinhalte verbunden zu sein,[25] und das hat Konsequenzen: Wir werden noch sehen, dass die Mehrheit im Gottesdienst eher nicht den Eindruck hat, spirituelle Erfahrungen zu haben. Dies berührt den Gottesdienst an einem Kernpunkt und lässt Conny allein schon aus diesem Grund in einen Abstand zum Gottesdienst treten: Wenn der Gottes-Dienst eine Gottes-Beziehung um Gottes und der Menschen willen in vielen Feinheiten inszeniert, beschäftigt er sich mit etwas, was vielen in diesem Alter einfach ziemlich „egal" ist. Aus der Perspektive vieler anderer Jugendlicher stellt sich die Frage, warum sie die komplexe Inszenierung von etwas lernen sollen, was für sie – ohne besonderes Bewusstsein für Gott, Religion oder allgemein religiöse Fragen des Lebens – (zur Zeit) irrelevant ist.[26] Das dies ein deutliches Hemmnis für das Lernen von Gottesdienst ist, liegt auf der Hand.

Mit den beschriebenen Konstellationen verbindet sich als Hauptproblem eine Diskrepanz zwischen Dirks Lehr-Interesse und Connys Lernbereitschaft:

---

22 H. Fend (1998), S. 105. Im Begleittext geht es allein um die Gespräche mit den Eltern, was aus der Graphik nicht so hervorgeht.
23 F. Schweitzer (2001), S. 86.
24 S. Heil (2003), S. 21 mit Hinweis auf A. Bucher, Literatur siehe dort.
25 J. Fowler (1991), S. 191.
26 Das mag sicher auch für diverse schulische Unterrichtsfächer gelten.

1.4 Bei der Leitung Top, bei den Konfis Flopp

Wie Dirk haben Kirchenleitung, Gemeindeleitung, Pfarramt, Diakoninnen und Diakone oft hohe Erwartungen (oder zum Teil auch keine mehr) in Bezug auf Gottesdienste als Teil der Konfirmandenarbeit. Die Statistik kann die Wertschätzung der Pastorinnen und Pastoren nur in dürren Zahlen zum Ausdruck bringen. Der Gottesdienst erhielt in einer Untersuchung von 2009 als Thema der Konfirmandenarbeit bei der Leitung Rangplatz 4 von 18 Rängen (92 %); erst dahinter folgten die Zehn Gebote, christliche Feste, Kirchraum oder Sinn des Lebens.[27]

Für Außenstehende stellt sich die Frage: Warum ist der Gottesdienst vergleichsweise so wichtig für kirchliche Vertreterinnen und Vertreter? In einer konventionellen Formulierung drücken es zwei Landeskirchen dadurch aus, dass sie den Gottesdienst als „Lebenshilfe" bezeichnen, die es zu entdecken gelte (Baden, Westfalen, ansatzweise Berlin-Brandenburg).[28] Württemberg wagt nur beim Kindergottesdienst den Ausdruck „Heimat" und unter der Überschrift „Jugendgottesdienst" ist die Rede von „identitätsstiftende[r] Wirkung".[29] Emotionsbezogener und auf den Sonntagsgottesdienst hin formulieren die braunschweigische Landeskirche („Freude ... wecken") und vor allem die Lippische Landeskirche, die davon redet, den Gottesdienst „liebzugewinnen".[30]

---

27 W. Ilg / F. Schweitzer / V. Elsenbast (2009), S. 106.

28 Landessynode der Ev. Kirche von Westfalen (2005), § 9.2, S. 6; und im Text des Landeskirchenrats der Ev. Kirche in Baden (alte Version von 1989), 12,1 ist die Rede von „Hilfe für ihre Lebensgestaltung". Bei der Evangelischen Kirche in Berlin-Brandenburg (2002) heißt es unter III 2. „lernen, mit Bibel und Gesangbuch zu leben. Den Gebrauch der Grundlagentexte sollen sie in Andachten und Gottesdiensten einüben und damit deren Bedeutung für die Praxis des christlichen Glaubens erkennen."

29 Landessynode der Ev. Kirche in Württemberg (2000), Abschnitt 7.3. Der Hauptgottesdienst wird hier gar nicht genannt.

30 Kirchenregierung der Ev.-Luth. Landeskirche in Braunschweig (1990), 3.1, S. 4. Landeskirchenrat der Ev.-Luth. Kirche Schaumburg-Lippe (1989), II.1, S. 3.

Interpretiert man die Verlautbarungen als Ausdruck eines „geheimen Lehrplans", kann man davon sprechen, dass Menschen, die für sich den Sonntagsgottesdienst als „Glaubens- und Lebenshilfe" entdeckt haben, dies auch die Jugendlichen „entdecken" lassen wollen. Deutlicher als in mancher Rahmenrichtlinie wird dies in einer Arbeitshilfe von 2011 benannt, der es um „Sympathie für den Gottesdienst und eine Ahnung für Sinn und Schönheit" geht, so dass sich die „Chance [erhöht], dass auch ihr ‚Herz' dafür zu schlagen beginnt".[31] Dirk möchte Conny weitergeben, was ihm selbst am Herzen liegt und wichtig geworden ist. Doch die Affekte der Jugendlichen gehen in eine andere Richtung.

In einer groß angelegten Befragung zur Konfirmandenarbeit aus dem Unterrichtsjahr 2007/2008 wurden etwa 4,7 % aller Jugendlichen aus der Konfirmandenarbeit in der EKD befragt. In einer Reihe von Fragen wurde auf den Gottesdienst und vor allem das Gottesdiensterleben eingegangen. Dabei zeigt sich deutlich, wie gering die Wertschätzung des Gottesdienstes bei den Jugendlichen ist.[32] Mehr noch: Sie verschärft sich noch innerhalb eines Jahres. Am Ende ist die Anzahl der Jugendlichen, die vom Gottesdienst gelangweilt sind (54 %), rund doppelt so hoch wie die Anzahl derer, des es nicht sind (26 %). 20 % bleiben indifferent.[33]

Nun kann man natürlich diskutieren, ob man mit einem guten Viertel der Jugendlichen ohne Langeweile und „nur" wenig mehr als der Hälfte Gelangweilter zufrieden sein kann. Doch zeigt der Vergleich des Themas Gottesdienst mit anderen Themen dieser Befragung von 2007 und 2008 ganz ungeschminkt, dass das Interesse an „Ablauf und Sinn des Gottesdienstes" neben zehn weiteren Themen-Optionen an letzter Stelle rangiert.

---

31 Chr. Berthold-Scholz / C. Rudolff (2011), S. 4.
32 W. Ilg / F. Schweitzer / V. Elsenbast (2009), S. 140 und C. Cramer / W. Ilg / F. Schweitzer (2009), S. 237
33 Vgl. W. Ilg / F. Schweitzer / V. Elsenbast (2009), S. 141 ff. Vgl. auch K. Meyer / S. Stemm (2010), S. 81.

„Sie gelten als langweilig und eintönig und würden zu lange dauern. Die Jugendlichen erleben sie weder als interessant, noch spenden sie Trost, noch helfen sie, den Alltag zu bewältigen. Gottesdienste haben für die Mehrheit der Befragten keine Bedeutung."[34] Damit ist der Gegensatz zur Wertschätzung der Pastorinnen und Pastoren, Diakoninnen und Diakone unübersehbar.

Und dies könnte einen außenstehenden Pädagogen zu dem Ratschlag bringen, einfachheitshalber in diesem Alter auf das Lehren von Gottesdienst zu verzichten. Doch Gottesdienst bleibt natürlich rein sachlich ein so grundlegender Vollzug christlichen Glaubens und christlicher Gemeinde, dass ohne ihn etwas fehlen würde. Darüber hinaus ist da noch die affektive Ebene: Könnte nicht auch bis zu den Jugendlichen etwas von diesen „guten", „heilsamen" Erfahrungen mit dem Gottesdienst ausstrahlen?

---

34 H.G. Ziebertz / U. Riegel (2008), S. 152 (Kommasetzung wie im Original).

2 Ungewohnte Praxis –
Wahrnehmungen

Um trotz der genannten Diskrepanz und Hemmnisse pädagogische Optionen aufzeigen zu können, gehen wir noch einmal einen Schritt zurück zu Conny am Eingang der Kirche. Was erlebt Conny nach dem Öffnen der Kirchentür? Wie nimmt sie eigentlich den Gottesdienst wahr? Dirk – mit seiner langjährigen Erfahrung mit dem Gottesdienstbesuch von Jugendlichen – kann sich zwar einiges nach Gesprächen „zurechtreimen". Doch sich ganz richtig hineinzuversetzen, fällt ihm schwer.

Vielleicht hilft ihm ein Wechsel in die Außenperspektive. Dieser Vorschlag mag für den einen Leser oder die andere Leserin überraschend sein. Mir jedoch hat ein Perspektivwechsel geholfen, das Fremdheitserleben im Gottesdienst zu verstehen: Im Rahmen eines interreligiösen Projektes habe ich mit Jugendlichen verschiedener Religionen gearbeitet und Kasthuri, ein Mädchen aus einer Hindufamilie, kennengelernt. Ich erinnere mich, wie ich das erste Mal zu einem Besuch in den Hindutempel kam und wie fremd das war. Über dieses sicherlich sehr andere Erleben „fremder" Religion komme ich dem ein Stück näher, was viele Konfirmandinnen und Konfirmanden aus unserer zunehmend säkularen Umwelt in den ihnen fremden christlichen Gottesdienst erleben.

Kasthuri ist vierzehn Jahre und hat mich eingeladen, sie am Wochenende zu besuchen – im Hindutempel von Hannover. Den Weg habe ich schnell gefunden. In einem der Vorstadtbereiche von Hannover steht ein altes Manufakturgebäude – aus Backsteinen, große Fenster, vielleicht 100 Jahre alt. Einige alternative Läden haben sich hier eingemietet. Zuerst fällt der Ökoladen mit Lebensmitteln ins Auge, danach folgt ein Aushängeschild fürMassage. Man kann an der Seite des Gebäudes entlang gehen. Vor einer Tür steht eine unscheinbare kleine Glaspyramide, in der sich eine Götterstatue befindet. Fast hätte ich sie übersehen, aber sie kennzeichnet den Eingang zum Tempel.

Innen empfängt mich der Priester. Er ist Kasthuris Vater. Ich werde gebeten, alles, was aus Leder besteht, abzulegen, Schuhe und Gürtel, dann komme ich in den Hauptraum und die Farben überwältigen mich, gelb, grün, rot und hellblau gestreifte Säulen. Farbige Wimpel an den Wänden, bunte Schreine mit den Götterstatuen. Es ist Zeit für die Puja, den täglichen „Gottesdienst". Ich beobachte, wie die Leuchter aus einem Butteröl angezündet werden, sehe ihren blakenden Rauch, der Priester öffnet die Vorhänge zu den Schreinen, macht eine schwingende Bewegung, singt etwas, die Zeremonie nimmt ihren Lauf. Was mir zunächst am eindrücklichsten in Erinnerung bleibt, ist der Raum, die Lage des ganzen Gebäudes und später die Bewegungen und Handlungen des Priesters.

Natürlich nehmen Conny, die Konfirmandinnen und Konfirmanden das sonntägliche Geschehen in der Kirche nicht als eine „andere Religion" wahr und doch ist es für sie eben auch ein sehr fremdes Geschehen. Auch bei ihren Wahrnehmungen steht das Sinnliche, Raumleibliche an erster Stelle: Geräusche, Gegenstände, Bewegung. So stellt Elisabeth nach einem kurzen Hinweis auf der Hochzeit ihrer Freundin Ina fest:[1]

Elisabeth: Ja, ich find das immer so geil, … dann kommt dann die Braut dann rein. Dann stehen die aber alle auf und so. Ich find das voll schön.
Christoph: Ja und dann mit den langen Schleiern. Ne?
Elisabeth: Ja, sieht so schön aus. Dann diese Blumenkinder ( ).

Elisabeth erinnert sich an eine Trauung, das Kommen der Braut, das Aufstehen, Schleier und Blumenkinder. Ähnlich berichtet mir ein Kollege, wie Konfirmandinnen und Konfirmanden

---

1   Gesprächsgruppe N3T2, Zeilen der Gesprächsaufzeichnung 1403–1407.

nachträglich von der Konfirmation berichten; ein Junge erzählte ihm „Ja, wir mussten dahin gehen, uns hinknien, und dann haben sie die Hand auf unseren Kopf gelegt, glaube ich. Und als das fertig war, sind wir dann da hingegangen und haben uns alle gratuliert. Und als wir die Urkunde bekommen haben, sollten wir uns wieder hinsetzen."[2]

Als Erinnerung bleiben besondere Objekte, Personen und vor allem beobachtbare Gesten und Bewegungen haften. Konfirmation, Hochzeiten, aber auch „normale" Gottesdienste bieten solche sichtbaren Bewegungsabläufe. Aufgrund dieser Feststellung hat schon in den 90er Jahren Manfred Josuttis als Praktischer Theologe eine verhaltenswissenschaftliche Gottesdiensteinführung geschrieben mit den Kapitelüberschriften: „Gehen", „Sitzen", „Sehen", „Singen", „Hören", „Essen", „Gehen".[3]

Neben dem sinnlich erfahrbaren Raumleiblichen sind das zweite Element die Personen, die in Erinnerung bleiben. Das sind bei mir im Fall des Hindutempels Kasthuri und ihr Vater. Ähnlich achten die Konfirmandinnen und Konfirmanden darauf, wer erscheint, wann und wo der Pastor sitzt, eventuell Nachbarn usw.:[4]

Daniela: Also letztens war ich ähm von meiner Oma bei ner goldenen Hochzeit. Und ähm (.) da saßen die mit zwei Stühlchen vorne am Altar, vor dem ähm (2) ja, vor dem (...) (Gottesdienstleiter) ...

Das, was vom Gottesdienst berichtenswert ist, ist die Sitzordnung. Auch Erwachsenen ist eine solche Fokussierung nicht fremd: So wird in dörflichen Gemeinden allgemein darauf geachtet, wer zum Gottesdienst kommt, wer sich mit wem unterhält, eventuell, wer neu ist, wer wo Platz nimmt ... In städtischen Gemeinden wählen viele der christlich interessierten Erwachsenen

2 H.-J. Wahl (2011/12), „ ‚Wir sind hereinstolziert' – Gesten und Riten der Konfirmation", unveröffentlicht.
3 M. Josuttis (²1993), S. 7–8.
4 Gesprächsgruppe R3T1, Zeilen der Gesprächsaufzeichnung 41–55 mit Auslassung.

diejenige Kirche für den Gottesdienst aus, in der bestimmte Personen – z. B. konkrete Persönlichkeiten – predigen.

Die Selbsteinschätzung der Jugendlichen bestätigt dieses Bild: Im Fragebogen werden zwei Elemente, das Raumerleben und die Personen, bei Gottesdiensten als das angegeben, was vor allem anderen erinnerlich ist. Erst danach folgen konkrete Bilder, bestimmte Melodien und Themen.

Ich erinnere mich besonders gut, ... (minimum = 0, Maximum =4)	Mittelwert
... an den **Raum**, in dem der Gottesdienst stattfand. t2	2,675
... an **Personen**, die vorne etwas getan haben. t2	2,080
... an die **Bilder,** die man sehen konnte. t2	1,733
... an eine **Melodie**, die gespielt wurde. t2	1,727
... an ein **Thema**, über das geredet wurde. t2	1,696
N=326, SD = 1,2-1,4	

Abb. 1: Selbsteinschätzung der eigenen Erinnerung zum Gottesdienst

Doch noch etwas anderes ist wichtig, was so in den Fragebögen nicht erfasst wurde: Das Außergewöhnliche! Kasthuris Tempel ist mir deshalb in Erinnerung geblieben, weil er ganz und gar „anders" ist mit seinen „knalligen" Farben und Formen. Auch den Konfirmandinnen und Konfirmanden bleiben Erfahrungen in Erinnerung, die besonders herausragen, wie der Einzug von „Ina als Braut" oder „meine Oma" vor dem Altar. Diese sind so anders als der Alltag, der sonst erlebt wird, dass sie haften bleiben.

Als Fazit lässt sich festhalten, dass drei Aspekte die Erinnerung an Gottesdienste prägen: 1. das Außergewöhnliche, 2. Raum-Leib-Bewegungs-Konstellationen und 3. Personen.

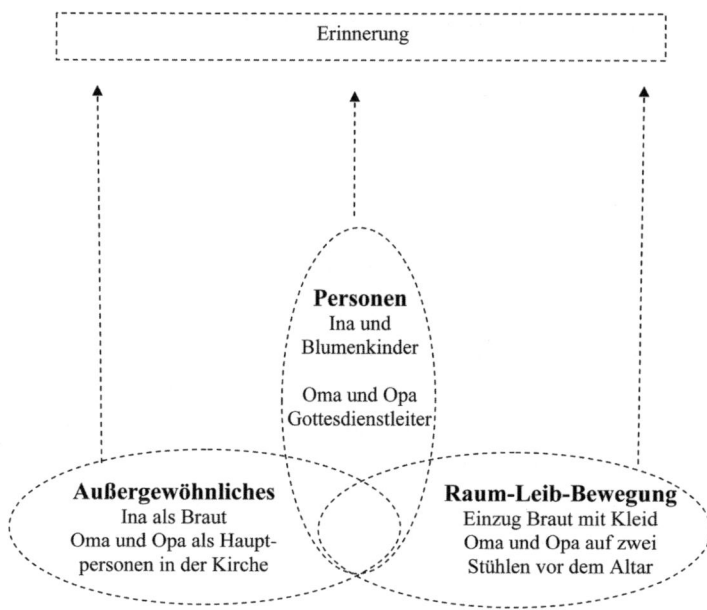

Abb. 2: Was bleibt in Erinnerung?

3 Entwicklungen im Laufe des Lernens

Drei Aspekte prägen die Akzentsetzung bei den Erinnerungen der Jugendlichen. Alle drei sind nicht an sich spezifisch für das, was im Gottesdienst erfahrbar wird.

> Für Dirk als kirchlichem Religionspädagogen ist jedoch gerade dieses Spezifische von Interesse. Dirk fragt sich: „Person und Raum – schön und gut, aber wie erleben die Jugendlichen zum Beispiel Lesung und Lieder? Fühlen sich Conny und die anderen bei uns willkommen? Was könnte sie für später motivieren? Motivieren Gebet, Stillezeiten, Gemeinschaftserfahrungen zu Gottesdienstbesuchen?"

Um nicht nur Connys Wahrnehmungen und Erfahrungen bei den Kernbereichen des Gottesdienstes näher zu kommen, hilft die Antwort der knapp tausend Konfirmandinnen und Konfirmanden, die Fragebögen im Rahmen meiner Feldstudie ausgefüllt haben. Drei Bögen – zu Beginn der Konfirmandenzeit, nach einem Jahr und am Ende der Konfirmandenzeit – ermöglichten es mir, auf Kernbereiche bezogen Fragen zu stellen und in der Auswertung Entwicklungslinien aufzuzeigen. Die Fragebögen boten darüber hinaus die Chance, zu vergleichen, ob bestimmte Gemeinden (z. B. mit Bandmusik) andere Ergebnisse hervorbrachten als die übrigen. Um Ergebnisse auf verschiedenen Ebenen zu unterscheiden, waren die Fragen nach fünf Skalen und einer Zusatzskala sortiert.

Die *erste Skala* bezog sich auf die Grundlagen. Hier ging es um Basiswissen. Wissen die Jugendlichen eigentlich am Anfang der Konfirmandenzeit oder nach einem Jahr, was *Kyrie eleison* bedeutet? Nur wer ein paar Wissensbausteine hat, kann sich auch über den Gottesdienst unterhalten und kommt über die Antwort

„Gottesdienst war wie ein Gottesdienst" hinaus. Wissen sie, was ein Organist ist? Wer da vorn etwas liest?

Die *zweite Fragereihe* bezog sich auf die Bereitschaft, bei Fragen zum Gottesdienst überhaupt irgendetwas aufzuschreiben, also schriftlich zu kommunizieren. Gefragt wurde unter anderem nach Erinnerungen oder Änderungsideen. Ausgewertet wurde, ob mehr als ein „Nö" oder „weiß nicht" notiert werden konnte.

Die *dritte Fragereihe* beschäftigte sich mit der Bereitschaft der Konfirmandinnen und Konfirmanden, im Gottesdienst durch Vorsprechen, Vorspielen, durch praktische Handlungen wie Kerzenanzünden, durch Assistenz beim Abendmahlausteilen oder durch Kinderbetreuung zu helfen. Gefragt wurde, wie oft die Konfirmandinnen und Konfirmanden bei diesen verschiedenen Tätigkeiten helfen wollten.

Die *vierte Fragereihe* listet positive emotionale oder spirituelle Aussagen zum Gottesdienst auf und fragt nach der Zustimmung: Wie sehr stimmst du den Aussagen zu „ich fühlte mich willkommen", „ich hatte das Gefühl, als ob Gott dicht bei mir war".

Als *Fünftes* ging es um Motivation zum Gottesdienstbesuch auch nach der Konfirmation (z. B. um zu beten, wegen der Musik oder der Stimmung); als eine gesonderte Fragereihe wurde nach dem Gefühl der Vertrautheit bei den einzelnen Elementen des Gottesdienstes, wie Liedern oder Segen, gefragt.

3.1   Mit der Zeit vertrauter werden

Nach dem Ablegen des Leders gehe ich in den Hindutempel hinein, es ist voll und bunt; ich rieche etwas, was ich mit Räucherstäbchen verbinde. Vorn bei den riesigen vielfarbigen Kästen mit Vorhängen ist Kasthuris Vater zugange, vermutlich sind in den Kästen Götterdarstellungen. Zunächst weiß ich nicht genau, wo ich am besten stehe, ich gehe etwas in den Hintergrund. Die anderen Besucher sind fast alle Tamilen. Ich bin erleichtert, dass sie mich nicht anstarren, so ungewöhnlich scheine ich als Westler doch nicht zu sein, aber ganz wohl fühle ich mich auch nicht, in der Ecke hinten ist es nicht gerade behaglich, aber es kommt mir irgendwie sicherer vor. Ich „störe" nicht.

Wenn ich Gottesdienste einer ganz anderen Tradition erlebe, macht es für mich einen großen Unterschied, wie vertraut oder unvertraut ich mich fühle. Unvertraut mache ich mir Gedanken, was andere hier von mir denken, wähle eher einen Abstand zum Geschehen, bin vorsichtig, um ja nichts falsch zu machen.

„Vertraut werden" oder einfach „Vertrautheit" mit dem Gottesdienst ist die Formulierung, die am häufigsten in den Rahmenrichtlinien für die Konfirmandenarbeit zum Beispiel als Ziel genannt wird.[1]

Entsprechend fragte ich auch die Konfirmandinnen und Konfirmanden im Fragebogen danach, wie es um die Vertrautheit steht. Am Anfang sind die Jugendlichen eher nicht vertraut und der Wert unserer Skala liegt unter der Mitte von 2,0. Danach wächst die Vertrautheit während des ersten Jahres und bei anderthalbjährigen Modellen auch über das erste Jahr hinaus bis zur Konfirmation.[2]

Der Blick auf einzelne Elemente des Gottesdienstes und deren Vertrautheitssteigerung zeigt, dass die Entwicklung dabei sehr unterschiedlich aussehen kann. Durch das Auswendiglernen des Glaubensbekenntnisses sind die Jungen und Mädchen nach einem Jahr fast doppelt so vertraut mit dem Credo wie am Anfang. Nicht viel anders sieht es mit dem Wechselgesang des Kyrie am Anfang des Gottesdienstes aus, das in lutherischen Landeskirchen üblich ist. Bei den Liedern steigert sich die Vertrautheit zwar nicht sonderlich, sie bewegt sich jedoch auf einem

---

1 Auf diese Formulierung reagierten die Jugendlichen auch mit ihrem Ankreuzverhalten am deutlichsten, während dies zum Beispiel bei dem Ausdruck „ansprechend" nicht der Fall war.

2 In der Tabelle sind nur die Antworten erfasst, die über drei Messzeitpunkte alle Fragen zur Vertrautheit vollständig ausfüllten.

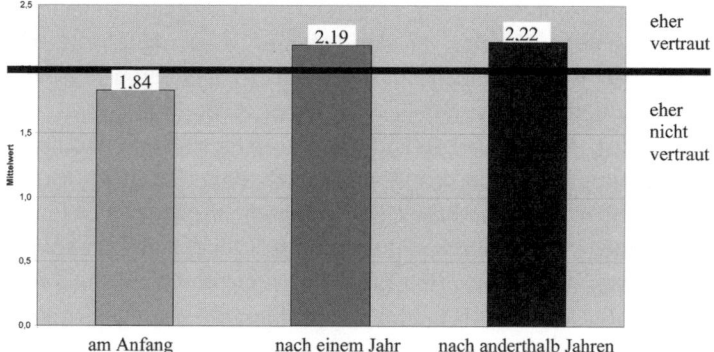

Abb. 3: Entwicklung der Vertrautheit mit den Elementen des Gottesdienstes

vergleichsweise hohen Niveau. Am wenigsten ändert sich die Vertrautheit bei der Orgelmusik, die insgesamt auf einem mittleren Niveau liegt und am Ende leicht sinkt.

Ein positives Ergebnis ist festzuhalten: Mag für Conny die Frage nach Gott auch weit weg sein und bleiben; wenn sie regelmäßig am Sonntag zum Gottesdienst kommt, ist nicht mehr alles nur unvertraut.

3.2 Wissen will gelernt sein

Im Hindutempel stimmen die Besucherinnen und Besucher eine Art Gesang an. Die Harmonien unterscheiden sich deutlich von dem, was ich kenne. Ich vermute, dass es eine Art Lob ist, einen Refrain erkenne ich auch. Der Priester und die Männer vorn gehen durch einen der Vorhänge in einen der mannshohen Kästen hinein. Ich bin mir jetzt recht sicher, dass darin die Figur einer Gottheit steht. Ich glaube, ich habe sie gesehen, als sich der Vorhang hob. Während des Liedes schaue ich mir ein Podest mit so etwas wie großen Schachfiguren an, das rechts steht. Auch nach langem Überlegen komme ich nicht darauf, was es ist. Erst viel später nach einigen Besuchen erfahre ich, dass mit den Figuren Planetenkonstellationen dargestellt werden und dass Astrologie bei den meisten Hindus zentraler Bestandteil von Religion für Lebens- und Alltagsentscheidungen ist. Als das Lied zu Ende ist, versuche ich einen Nachbarn kurz zu fragen, was in dem Riesenkasten stehe. Er sagt: „Muthu Mariamman", nickt und der Gesang geht weiter. Was ist das nun? Hat er meine Frage überhaupt verstanden? Nach dem Lied kommt ein Priester mit einem offen brennenden Licht. Alle machen eine bestimmte Geste auf das Licht zu und dann auf den eigenen Kopf hin. Als der Priester zu mir kommt, habe ich keine Ahnung, was ich tun soll und tun darf.

Da ich fast ohne Wissen in den Gottesdienst komme, fällt es mir schwer, irgendetwas zuzuordnen. Einfachste Strukturen lassen sich ausmachen, bei dem meisten Fragen und Überlegungen bin ich auf Vermutungen angewiesen. Nicht einmal Antworten auf eine einfache Frage verstehe ich. Was heißt „Muthu Mariamman"? Später erfahre ich: Es ist der Name der Muttergottheit, die im Hindutempel in Hannover von Tamilen verehrt wird. Sie gehört zur Familie um Shiva und wird mit der Frau von Shiva, die Parvati heißt, identifiziert. Ihre Statue steht tatsächlich in dem großen Schrein. Für sie wurde der Betonfußboden aufgebrochen, so dass ihr Sockel bis in die Erde reicht und sich mit dem Erdreich verbindet.

Wissen – so begrenzt es auch sein mag – hilft beim Gottesdienst, eine erste Orientierung zu bekommen. Handlungswissen ermöglicht eine Entscheidung, ob ich hier mit den anderen handeln will oder nicht, zum Beispiel am Ende bei der Lichtzeremonie. Basiswissen zu der Gottheit oder der indischen Astrologie erlaubt eine erste begrenzte Interpretation.

Wie steht es nun mit dem Wissen der Konfirmandinnen und Konfirmanden zu grundlegenden Aspekten des Gottesdienstes? Die Jungen und Mädchen hatten die Möglichkeit, auf elf Fragen ohne Vorgaben auf freien Linien zu antworten. Schwierig war zum Beispiel die Frage, was *Kyrie eleison* bedeutet. Praktisch niemand kannte am Anfang die Bedeutung, nach einem Jahr waren es immerhin 48 %. Eine einfachere Frage war, wer im Sonntagsgottesdienst den Segen spricht. Am Anfang gaben hier rund 58 % richtige Antworten, nach einem Jahr waren es 90 %. Ähnlich sah es bei den Gaben des Abendmahls aus, wobei hier schon zu Anfang 68 % wussten, dass es sich um Brot und Wein handelt, nach einem Jahr waren es 89 %. Weitere Fragen bezogen sich handlungsorientiert auf Aufstehen und Sitzen oder einfach auf die Beobachtung, was auf dem Altar liegt.[3]

Insgesamt ergab sich für das Wissen der Konfirmandinnen und Konfirmanden eine Stufung je nach Kirchenbindung der Eltern, der Schulform (Hauptschule, Realschule und Gymnasium) und nach dem Geschlecht, wobei, wie zu erwarten, die Mädchen deutlich mehr wussten als die Jungen. Nun können das Geschlecht und die Schulform kaum von der Leitung der Konfirmandenarbeit beeinflusst werden und auch bei der Kirchenbindung der Eltern ist das nicht so einfach; ist also das Wissen weitgehend durch diese „externen Dispositionen" bedingt? Ein genauerer Blick zeigt: Es lohnt sich dennoch für alle Lehrenden im Bereich von Gottesdienst, nicht die Hände in den Schoß zu legen:

Wenn man die Kirchenbindung der Eltern und das Wissen der Jugendlichen in Beziehung setzt, stellt man fest, dass höhere Kirchenbindung der Eltern mit höherem anfänglichen Wissen der Jugendlichen in den ersten drei Wochen der Konfirmandenarbeit einhergeht. Dies gilt sowohl für die Kirchlichkeit der Mutter als auch die des Vaters, auch wenn – nicht ganz unerwartet – die Werte bei der Mutter höher liegen. Bei der Entwicklung des Wissens im ersten Jahr ist dies jedoch nicht mehr der Fall. Der Wissenszuwachs hat seine eigene Dynamik. Ebenso sieht es auch mit dem Gesamtwissen am Ende der Konfirmandenzeit aus. Was die Jugendlichen dann wissen oder nicht wissen, liegt nicht mehr an den Eltern.

---

3 93 % konnten hier nach einem Jahr etwas angeben. Die maximalen Punkte wurden in diesem Fall allerdings bei vier Gegenständen auf dem Altar erreicht.

Stattdessen zeigt sich eine deutliche Wechselbeziehung zwischen Wissen und dem Methodenreichtum des Unterrichts. Je vielfältiger Unterrichtsmethoden zum Gottesdienst, desto höher war der Zuwachs an Wissen und das Wissen am Schluss. Es lohnt sich also methodisch zu arbeiten, auch wenn Gymnasiasten und besonders Gymnasiastinnen tendenziell mehr wissen mögen (wie wir unter 4.2 noch genauer ausführen), insgesamt wird die ganze Gruppe durch Methodenreichtum einen Sprung machen.

3.3 Das Dilemma mit den Inhalten der Gottesdienste

Eine Woche nach dem Besuch des Hindutempels sehe ich, wie mir der Priester auf der Straße entgegenkommt. Ich überlege rasch, woraufhin ich ihn ansprechen kann. Was habe ich in Erinnerung, viele Farben und bildliche Darstellungen, die Melodien, den Raum als Ganzes mit den vielen Menschen und der Atmosphäre und natürlich den Priester selbst. Bei einem christlichen Kollegen würde ich eventuell auf einen eindrücklichen Predigteinstieg eingehen. Das kann ich hier nicht, ich weiß einfach zu wenig. Mir bleiben nur simpelste Sinneswahrnehmungen, auf die ich ihn ansprechen kann. Durch meine Sozialisation bin ich stark an Inhalten orientiert, aber vielleicht ist das ja in anderen religiösen Traditionen und bei den Jugendlichen nicht das Erste und Wesentliche? Vielleicht muss ich den Priester gar nicht auf Inhalte ansprechen?

Ein eigener Punkt unter den Wissensfragen an die Jungen und Mädchen war die Bitte, ein Gebetsanliegen zu notieren, beziehungsweise in einer anderen Frage, ein Predigtthema zu nennen. Auch nach einem Jahr und nach 24 bis 30 Gottesdiensten unterschiedlichster Varianten stellte sich heraus, dass diese Frage für viele sehr schwierig war.

Wie oben beschrieben, waren 90 % in der Lage aufzuschreiben, wer den Segen spricht und 93 % konnten irgendetwas benennen, was auf dem Altar liegt. Ein Gebetsanliegen aufzuschreiben, war jedoch für 47,6 % nicht möglich (379 von 796), 10 % schrieben sehr pauschale Aussagen wie „Menschen" oder „Tote" auf und nur 42 % nannten wenigstens ein Anliegen mit einer etwas genaueren Charakteristik wie „Arme", „Kranke" oder „Tote der letzten Woche". Beim Predigtthema war es noch deutlicher, hier konnte nur ein Drittel etwas notieren, was im Bereich der möglichen Themen lag („Liebe", „Heilung" oder zu einem Jugendgottesdienst „SMS und die Botschaft von Gott").

Erinnerst du dich an ein Predigtthema in eurem Sonntags- oder Wochenendgottesdienst? Schreib es hier auf:	Gültige Prozente
Keine oder unzureichende Antwort	**64,8**
halb richtig	2,0
richtige Antwort	33,2
Gesamtzahl der Befragten N=795	100,0

Mit „halbrichtig" wurden Antworten gewertet, die entweder einfach den Festnamen aufnahmen oder für jede Predigt gelten konnten, z.B. Weihnachten, Ostern oder Jesus.

Abb. 4: Predigtthema

Für wen oder für was wurde in eurem Sonntags- oder Wochenendgottesdienst gebetet?	Gültige Prozente
Keine oder unzureichende Antwort	**47,6**
halb richtig	10,2
richtige Antwort	42,2
Gesamtzahl der Befragten N=796	100,0

Mit „halbrichtig" wurden Antworten gewertet, die äußerst pauschal waren wie nur „Tote" oder nur „Menschen"; Differenzierungen wie „Tote der letzten Woche" oder „Beerdigte" wurden schon voll gewertet, ebenso natürlich „kranke Menschen" und ähnliches.
(Zum Vergleich: 2% haben beim Basiswissenstest gar keine Punkte, 7% nennen keinen Gegenstand auf dem Altar, 12% kennen die Abendmahlsgaben nicht.)

Abb. 5: Gebetsanliegen

Schon im Vorgriff kann hier angemerkt werden, dass auch bei den Gruppengesprächen, die mit den Jugendlichen geführt wurden, gottesdienstliche Inhalte keine Rolle spielten, eher wurde über Fragen der (sozialen) Organisation geredet, wie die Art und Weise, in der Lieder ausgesucht werden sollten.

Wir können festhalten, dass es nicht primär die Inhalte des Gottesdienstes sind, an die Jugendliche sich erinnern. Darüber hinaus spielen Inhalte auch in den Gesprächen, die wir analysiert haben, keine Rolle – etwa, wenn es darum ging, zu begründen, ob das Erlebte akzeptabel oder nur langweilig war. Dies ist nicht ganz untypisch für das Jugendalter. Schon der Theologe und Psychologe James W. Fowler schrieb in Bezug auf amerikanische Jugendliche: „Obwohl Glaubensinhalte und Werte tief empfunden werden, bleiben sie normalerweise stillschweigend – der Mensch ‚lebt‘ in ihnen … Aber es hat noch keine Gelegenheit gegeben, aus ihnen herauszutreten, um über sie zu reflektieren … er … ist sich in gewisser Weise nicht bewußt, sie zu besitzen."[4]

Mit diesem Hinweis von Fowler könnte man sich abfinden. Doch als evangelischer Theologe ganz auf eine Botschaft oder vielleicht besser die inhaltliche Aufnahme der Botschaft eines Gottesdienstes verzichten zu wollen, fällt doch schwer. Hier zeichnet sich ein Dilemma ab, zu dem sich eine Lösungsmöglichkeit erst nach detaillierteren Klärungen abzeichnen kann.

3.4 Die Bereitschaft der Jugendlichen zu ganz praktischen Tätigkeiten

In zwei Jahren bin ich nun drei Mal allein und mit Gruppen beim Hindutempel gewesen. Den Priester habe ich beim Religionsdialog in Hannover näher kennengelernt. Nun bin ich eingeladen zum jährlichen Tempelweihfest. Ich bin wohl etwas früh da oder es besteht kein Zwang zu exakter Pünktlichkeit. Wie dem auch sei, als ich ankomme, werden in der Küche Speisen mit verschiedensten Zutaten zubereitet. Nach ein wenig Smalltalk frage ich, ob ich helfen soll,

---

4   J. Fowler (1991), S. 191, im Original ist der gesamte Text kursiv.

die Zwiebeln zu schneiden. „Nein, nein, das kommt nicht in Frage, du bist doch Gast." Im Raum mit den Schreinen und Statuen werden Girlanden aufgehängt. Ich versuche anzudeuten, dass ich behilflich sein könnte. Als keine Reaktion kommt, traue ich mich nicht, noch einmal zu fragen. Vielleicht sind die Girlanden irgendwie heilig und es wäre unpassend, wenn ich helfe. Bis es anfängt, gehe ich im Flur auf und ab.

Die Bereitschaft zu Hilfe ist die eine Seite. Ob sie beachtet oder wahrgenommen wird, ist etwas anderes. Sicherlich ist der Gaststatus im Hindutempel ein anderer als der von Konfirmandinnen und Konfirmanden in ihrer Gemeinde. Ihre Hilfe anzunehmen, sollte leichter sein. Die Jungen und Mädchen sind bereit, in Gottesdiensten zu helfen, doch nur zum Teil wird diese Bereitschaft aufgegriffen. Immerhin hatten in fast allen Gemeinden Konfirmandinnen und Konfirmanden die Chance, während des Gottesdienstes kleine eigene Tätigkeiten auszuführen. Im ersten Jahr taten sie dies durchschnittlich schon mindestens ein Mal, wobei

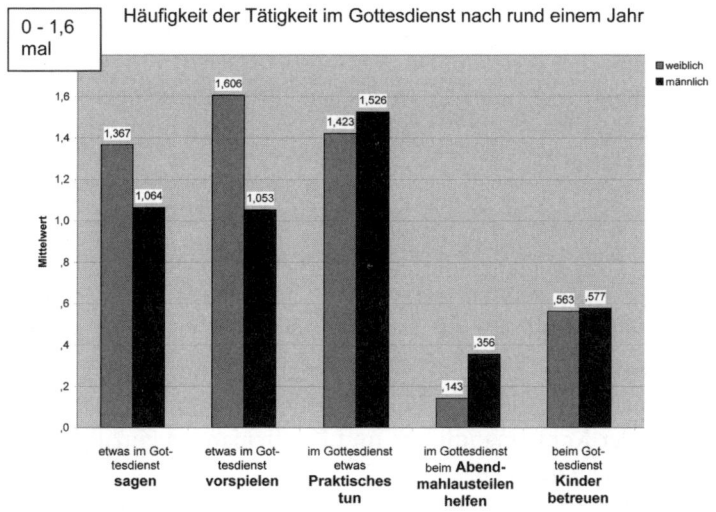

Abb. 6: Tätigkeiten der bisherigen Mitarbeit, Jungen-Mädchen

auf die Gesamtsicht hin Mädchen und Jungen etwa gleich viele Erfahrungen sammelten. Im Detail zeigt es sich, dass die Jungen aber eher praktisch tätig waren, die Mädchen hingegen eher etwas gesagt oder vorgespielt haben.

Wie weit aber waren die Jugendlichen überhaupt zur Beteiligung bereit? Danach wurden sie wiederum ganz am Anfang der Konfirmandenzeit, nach einem Jahr und gegebenenfalls nach anderthalb Jahren gefragt. Schon in den ersten drei Wochen waren die Jugendlichen bereit, rund anderthalb Mal im Gottesdienst zu helfen und trotz der beschriebenen Langeweile stieg diese Bereitschaft nach einem Jahr auf 2,25-malige Hilfsbereitschaft sowie vor der Konfirmation auf 2,35-maligen Hilfswillen.

Positiv sind zunächst diese hohen Werte, bedauerlich ist, dass die damit verbundenen Chancen offenbar nicht ganz genutzt werden, denn der Wert der *tatsächlichen* Mitwirkung liegt bei beschriebenen „ein Mal" oder nach anderthalb Jahren bei „1,38 Malen".

Wo genau die Chancen liegen, verrät ein Blick auf die Details. Beim Sprechen und Vorspielen wird ungefähr das abgerufen, was die Jugendlichen auch an Bereitschaft geäußert haben. Die verpasste Chance liegt vor allem in kleinen praktischen Handlungen, wie Stühle rücken, Kerzen anzünden, Geld einsammeln oder Gesangbücher verteilen. Die Anfangsbereitschaft von rund zweieinhalbmaligem Interesse an solchen Tätigkeiten steigert sich zu dreimaliger Bereitschaft, abgerufen wird jedoch nur wenig mehr als die Hälfte des Möglichen.

Ebenfalls wenig genutzt wird die Bereitschaft der Jugendlichen, beim Abendmahlausteilen zu helfen oder Kinder zu betreuen. Gibt es hier traditionelle Vorbehalte, vielleicht die Sorge, dass die Heiligkeit der Handlung „gestört" werden könnte? Vermutlich besteht hier Diskussionsbedarf in den Gemeinden.

Festzuhalten bleibt: Kleinere praktische Aufgaben könnten weit mehr als vielerorts üblich eine Option sein, um die Bereitschaft der Konfirmandinnen und Konfirmanden einzubeziehen und ernst zu nehmen.

An dieser Stelle ist auch ein Blick auf das „wie" dieser Mitwirkung angebracht, denn die Art und Weise des Helfens kann sehr unterschiedlich ausfallen. In unserem Bogen blieb der Charakter der Mitwirkung zunächst offen. H. Schwier hat festgehalten, wie solch eine Beteiligung im schlechtesten Fall aussehen kann: „Die praktische Mitwirkung bei Fürbittengebeten kann man nach meiner Wahrnehmung fast nur noch karikieren: Die Mitwirkenden lesen dem lieben Gott die Gebete vor, die der Pfarrer formuliert (selten!) oder kopiert (meistens!), vor allem aber erst zehn Minuten vor Gottesdienstbeginn (wenn man Glück hat!) ausgeteilt hat. Auf diese Weise degradiert man die Mitspielenden und pares zu Komparsen."[5]

Angesichts dieser sicherlich überspitzten Beschreibung sei festgehalten: Je eigenständiger die Jugendlichen ihre Mitwirkung erlebten, desto eindrücklicher wurde es für sie. Wenn diese Aussage selbstverständlich klingen sollte, umso besser für die Praxis!

Eingeschoben seien an dieser Stelle einige Impressionen, die zeigen, dass natürlich die Art und Weise der Beteiligung der Jugendlichen nicht nur Auswirkungen auf das Erleben allgemein, sondern damit verbunden auch auf die Art des Verständnisses der Jugendlichen vom Gottesdienst hat. In den Gesprächen ließ sich dies an zwei Beispielen nachweisen.

Im ersten Fall wurden die Jugendlichen als eine Art Ministranten eingesetzt. Sie waren dafür zuständig, die Fahne vor der Kirche zu hissen, begrüßten Besucher, verteilten Gesangbücher, konnten mit dem Pastor oder der Pastorin einziehen, zündeten während des Gottesdienstes Geburtstags- und Sterbekerze an, trugen das Lektionar und so weiter. Eine Konfirmandin erwähnte während einer Gesprächsrunde die Fahne, die vor Beginn des Gottesdienstes an einem Mast im Kirchhof gehisst werden musste. Dabei stellte es sich als gar nicht so einfach heraus, den Fahnenstoff richtig in die Höhe zu bringen:[6]

Benita: Einmal hab ich die auch falsch rum aufgehangen. Da war da war *(mehrere lachen)* … irgendwie die Fahne statt so so. Da kam Herr

5 H. Schwier (2011), S. 112.
6 GlT2, 378–381.

Markgraf raus und sp- was machst du denn da? Die ist doch falsch rum. Ups … Ja.

In anderem Zusammenhang ging es um das rote Kleid einer Braut:[7]

Franziska: In der Zeitung war eine, die hatte ein rotes Kleid an. Auf der Titelseite.
Jenny: Das find ich doof.
Annika: Ein rotes? …
Jenny: Tz tz tz. Macht man nicht.

An diesen und anderen Äußerungen ließ sich zeigen, dass die ganze Gruppe eine Grundhaltung gegenüber dem Gottesdienst einnahm, bei der es immer wieder um Korrektheit ging. Daher war es für Benita durchaus erwähnenswert, dass es mit der Fahne nicht gleich geklappt hatte und es der Korrektur von Herrn Markgraf bedurfte. In der anderen Passage wird entsprechend der „Fehler" eines roten Brautkleids bemängelt. Diese Aussagen zu richtigem und falschem Handeln setzen sich im weiteren Gespräch fort. Etwas verkürzt gesagt: Gottesdienst war für die „Ministranten" ein Ort, an dem man Handlungen möglichst korrekt vollzieht.

In einem anderen Fall waren die Mitglieder einer Gruppe zum Teil schon jahrelang Teamer für den Kindergottesdienst und vor allem in einem Jugendgospelchor sehr aktiv. Diese Gruppe war auch in Zusammenhang mit Gottesdiensten sehr auf die Wirkung ihrer Darbietungen bedacht:[8]

Eileen: … wir haben auch zweimal sozusagen Gottesdienst gemacht für die Leute da im Lukashof, neh?
Sabine: Ja.
Jennifer: Da …
Sabine: Die fand ich auch voll schön, die Gottesdienste.
Eileen: Ja, weil da haben-
Sabine: Weil da haben die Alten, älteren Damen immer geweint.

---

7 G1T2, 1043–1052.
8 R2T1, 234–242.

Eileen: Echt jetzt?
Sabine: Ja, da haben immer so ein paar Frauen geweint.

Zuhörerschaft und deren Reaktionen waren dieser Gruppe bei ihren „Auftritten" sehr wichtig. Sie hatten gelernt, eigenständig kleine Andachten zu gestalten, und überlegten sich auch für die Konfirmation (für Norddeutschland) Unkonventionelles:[9]

Christine: Ja, das wäre doch was. Alex, wir können uns doch in lila konfirmieren lassen? ….
Daniela: Ja wir machen dir ein Kleid.
Larissa: Wieso nicht gleich ein bayrisches Dirndl machen?
Friderike: Ja, das ist es doch, das ist die Idee.
Joy: Ja, bayrische Konfirmation, neh?
Daniela: Cool, muss aber auch hinter-
Joy: Und hinterher gibt's Brezeln.

Für diese Gruppe war der Gottesdienst – wiederum etwas verkürzt – Erprobungsfeld für ihre Kreativität. Bei Planung von Andachten war immer auch das „Publikum" mit im Blick (sie haben „geweint"). Mit dem lila Kleid und dem Dirndl betonen die Mädchen ihre Eigenständigkeit gegenüber Konventionen. Diese verkürzten Beschreibungen mögen etwas unkonventionell klingen, können aber deutlich machen, dass die Art der Beteiligung von Jugendlichen auch immer darauf „abfärben" wird, welche Haltung diese gegenüber dem Gottesdienst einnehmen, ob ihre Haltung sich auf ministrantenähnliche Aufgaben eher an Korrektheit orientieren wird oder z. B. bei KiGo-Teamern an eigenständiger Kreativität.

Beide Beispiele sind sicher in einer besonderen Situation entstanden und mögen in dieser Kürze referiert außergewöhnlich erscheinen. Was in beiden Fällen gelang, war, dass sich die Jugendlichen gegenüber dem Gottesdienst ernst genommen und in ihrer Tatkraft berücksichtigt fühlten. Beides führte dazu, dass diese beiden Gemeinden mit ihren ganz unterschiedlichen Mit-

---

9 R2T1, 333–351.

wirkungsmöglichkeiten mit die besten Ergebnisse in der Befragung sowohl beim Wissen als auch bei den Affekten erzielten. Welche Form der Mitwirkung auch immer gewählt wird, sie wirkt sich positiv aus – vorab zu bedenken bleibt aber auch, welche Haltung zum Gottesdienst sie mit sich bringen mag.

3.5 Emotional oder spirituell berührt? – Fehlanzeige!

Bei meinem Besuchen im Hindutempel gab es immer wieder Momente, in denen die Besucher klatschten oder sich freuten. Ich erinnere mich auch noch gut an die besondere Atmosphäre im Laufe des Tempelweihfestes vor dem Eingang (mit der Glaspyramide). Im Angesicht der Göttinnenstatue, die eigens nach draußen gebracht worden war, wurde ein Berg von gestapelten Kokosnüssen zerhackt. Es lag Spannung in der Luft und zugleich am Ende eine Art Aufatmen. Ich selbst war mehr überrascht als gespannt und vor allem neugierig angesichts der „Hackzeremonie". Mir war klar, dass hier etwas Emotionales geschah, aber ich teilte diese Emotion nicht, jedenfalls nicht so wie die Akteure.

Traditionelle Rituale haben oft auch mit Emotionen zu tun, die versteckter sein können oder offen zu Tage treten. Emotionen treten generell überall dort auf, wo Menschen zusammentreffen – selbstverständlich auch im evangelischen Gottesdienst, mag er noch so „nüchtern" erscheinen. Lassen sich die Konfirmandinnen und Konfirmanden emotional und spirituell von dem berühren, was und wen sie in und um Gottesdienste erleben? Wie eingangs schon angesprochen, fällt die Antwort auf diese Frage negativ aus. In abgestufter Folge wurden verschiedenen Gruppen erst 18 und zuletzt 4 ausgewählte positive emotionale und spirituelle Aussagen anderer Jugendlicher vorgelegt. Die 18 Möglichkeiten reichten von der Aussage „Ich fühlte mich willkommen" bis zu „Eine Macht füllte mich innerlich aus". Bis auf zwei Ausnahmen war keine dieser Aussagen im Durchschnitt „eher zutreffend"; mit anderen Worten: Gottesdienste berühren emotional und spirituell „eher nicht".

Doch die Ausnahmen sind immerhin eine Art Silberstreif am Horizont der Möglichkeiten. Die einzige Aussage unter den 18 Varianten, die „eher" zutraf war: „Ich fühlte mich willkommen." Die einzige Aussage unter den zuletzt vier Möglichkeiten, der eher zugestimmt wurde, war: „Ich fühlte mich sicher in der Gruppe." Beide konnten als Einzige die Mittellinie von 2,0 überschreiten. Im Gegenüber dazu wurden spirituelle Aussagen, wie „eine Macht füllte mich aus", bei der 18-er Auswahl und „ich fühlte, dass Gott dicht war" bei der 4-er Auswahl deutlich als nicht zutreffend angegeben.[10] Darüber hinaus sank die Zustimmung zu allen 18 und allen 4 emotionalen und spirituellen Aussagen innerhalb des ersten Jahres unübersehbar.

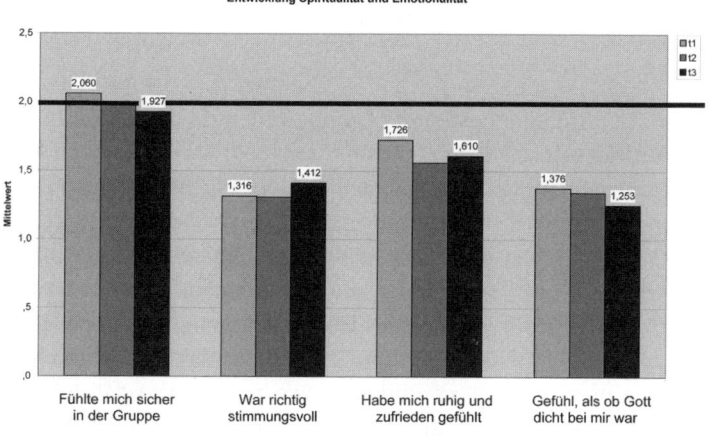

Abb. 7: Entwicklung der Spiritualität und Emotionalität

---

10 Durchschnittswerte um 1,0 bzw. 1,3 bei einer Skala zwischen 0 und 4.

Gerade die Jungen stimmen den Emotions-Aussagen eher nicht zu, bei ihnen sinken die Werte, aber auch bei Mädchen sieht es nicht viel besser aus. Die Werte sinken bei Hauptschülern genauso wie bei Gymnasiasten.

Aus diesen ernüchternden Befunden ragt eine ganz bestimmte Gruppe von Konfirmandinnen und Konfirmanden deutlich heraus. Sie widerspricht dem Trend. Dies sind diejenigen, die in der Kindheit eine kirchliche Kindergruppe oder einen Kindergottesdienst besucht haben. Die regelmäßigen Besucher solcher Kinderaktivitäten stimmen den positiven emotionalen Aussagen eher zu und ihre Werte sinken nicht – und zwar sowohl bei Mädchen als auch bei Jungen mit Vorerfahrung. Offenbar spielen diese Vorerfahrungen in der Kindheit eine solch große Rolle, dass sie im Alter von 13 oder 14 Jahren einen ganz anderen Eindruck mit sich bringen als bei den anderen.

3.6   Die Motivation nach der Konfirmation

Wenn es nicht eine bestimmte Gruppe verlangt oder ein bestimmter Auftrag erfordert, werde ich nicht so bald wieder in einen Hindutempel gehen. Ich habe bei meinen vier Besuchen Eindrücke gewonnen, freundliche Menschen kennengelernt und das genügt mir. Es gibt nicht viele, aber doch einige Erwachsene, die regelmäßig kommen, sagt mir der Priester, andere kommen, wenn es um die astrologische Bestimmung eines Hochzeitstermins geht, oder bringen ein neugeborenes Kind zum Tempel. Bei allen besuchten Hindugottesdiensten gab es übrigens weniger Kinder oder Jugendliche, als ich erwartet hatte. Ich fragte einen der Jugendliche und der bekannte: „Ich gehe lieber zur Disco."

„Die Jugend ist die Zukunft der Kirche" lautet ein Slogan, der bei verschiedensten Anlässen zu vernehmen ist. Dies gilt auch für die Zukunft des christlichen Gottesdienstes und so läge es nahe, hieran in der Konfirmandenarbeit zu arbeiten, um die Motivation für zukünftige Gottesdienstbesuche zu stärken. Ähnlich wie bei der Zustimmung zu den emotionalen Aussagen bleibt die Zustimmung zu intrinsischen Motiven (Gebet, Musik, sich Zeit für Gott nehmen, Stimmung, Gemeinschaft, zur Ruhe kommen) jedoch so begrenzt, dass man im Gesamtblick davon reden muss, dass intrinsischen Motiven für die Zukunft eher nicht zugestimmt wird und die geringe Zustimmung mit der Zeit noch sinkt.

Mädchen waren eher durch Musik und Stimmung, Jungen durch die Gemeinschaft motiviert, wobei alle Optionen recht dicht beieinander lagen. Auch hier zeigte es sich, dass Jugendliche mit regelmäßiger Vorerfahrung in kirchlichen Kindergruppen oder Kindergottesdienst ganz anders und mit deutlich höheren Werten abschnitten als die anderen. Diejenigen ohne jede Vorerfahrung hatten die anfänglich niedrigsten Werte, die überdies auch noch am stärksten sanken.

Maximaler Wert beim Besuch von **Kindergottesdienst oder Kindergruppen** zwischen 6 und 12		Zahl der Befragten	Mittelwert zur Motivation	
Nie besucht	intrinsische Motivation	115	Messzeitpunkt 1:	**1,27**
	intrinsische Motivation	136	Messzeitpunkt 2:	**1,12**
	Differenz der Messzeitpunkte, bei all denen, die zu beiden Befragungen anwesend waren u. hier geantwortet haben	84	Differenz:[51]	-,31
Unregelmäßige Besuche	intrinsische Motivation	265	Messzeitpunkt 1:	**1,49**
	intrinsische Motivation	303	Messzeitpunkt 2:	**1,46**
	Differenz der Messzeitpunkte, bei all denen, die zu beiden Befragungen anwesend waren u. hier geantwortet haben	219	Differenz:	-,06
Regelmäßige Besuche	intrinsische Motivation	109	Messzeitpunkt 1:	**1,85**
	intrinsische Motivation	136	Messzeitpunkt 2:	**1,91**
	Differenz der Messzeitpunkte, bei all denen, die zu beiden Befragungen anwesend waren u. hier geantwortet haben	96	Differenz:	-,01

Abb. 8: Intrinsische Motivation und Kindergottesdienst- oder Kindergruppenvorerfahrung

4 Es geht um Geschlecht, Schulform und Vorerfahrung

Dirk, dem Konfirmandenzeit-Leiter, liegt nicht so sehr an Zahlen als eher an den Schnittstellen zur Pädagogik: an Unterschieden zwischen Conny als Mädchen und Frank als Jungen (die Frage nach dem Geschlecht); am Unterschied zwischen Marie-Luise als Gymnasiastin und Chantal als Hauptschülerin (die Frage nach der Schulform); an der Regelmäßigkeit vormaliger Kindergottesdienstteilnahme. Diesen Punkten (Geschlecht, Schulform und Vorerfahrung) soll nun nachgegangen werden.

4.1 Sind Mädchen immer besser?

Wer einen Blick auf die Zusammensetzung der Gottesdienstgemeinde wirft, kommt vielerorts zu dem Ergebnis, dass Frauen in der Überzahl sind. Offenbar scheinen Frauen eine höhere Affinität gegenüber dem christlichen Gottesdienst zu haben.

Dies bestätigt sich auch im Blick auf die Konfirmandinnen und Konfirmanden. Sowohl aus unserer Studie als auch aus der EKD-weiten Studie von 2009 geht hervor, dass Jungen Gottesdienst langweiliger finden als Mädchen. Und nicht nur das: Mädchen können auch mehr Basiswissen notieren, sie schreiben eher etwas, sie sind zu mehr Mithilfe im Gottesdienst bereit und für zukünftige Gottesdienstgänge geben sie eher als Jungen intrinsische Motive an.

Woran das liegt, ist gar nicht einfach zu sagen. Im Rahmen einer internationalen Studie[1] und mit besonderem Blick auf

---

1 International Social Survey Programme von 1991, Chr. R. Kecskes (2000), S. 87.

11- bis 12-Jährige nimmt R. Kecskes (2000) an, „daß Frauen in ihrer Kindheit stärkeren ‚Religionserwartungen' von Seiten der Sozialisationsinstanzen ausgesetzt sind als Männer. Aus … [der] Kombination einer intensiveren religiösen Sozialisation von Mädchen und einer größeren Verantwortlichkeit der Frauen für die religiöse Erziehung der Kinder, die ihre Ursachen auf der einen Seite in einer sozialisationsbedingten ‚Selbstzuschreibung' und auf der anderen Seite einer externen ‚Fremdzuschreibung' (z. B. durch die Kirchen) hat, erklärt sich meines Erachtens der Geschlechtereffekt."[2]

Ein Indiz, dass auch in den Fällen dieser Studie die Sozialisation von Jungen und Mädchen unterschiedlich ist, bildet die höhere Regelmäßigkeit des Besuchs von kirchlichen Kinderangeboten bei Mädchen. Neu ist dieser Sachverhalt nicht: Schon 1962 machte E. Rosenboom ganz allgemein für die Konfirmandenarbeit auf den Unterschied zwischen Jungen und Mädchen aufmerksam. Er schlug vor, ihnen ganz unterschiedliche Formen von Diensten zu übertragen.[3]

Die Frage aus der Überschrift kann so beantwortet werden: „Sind Mädchen immer besser?" – Ja, statistisch sind sie es im Durchschnitt in allen Punkten. Dies reflektiert jedoch vermutlich nur das allgemeine Problem unterschiedlicher Sozialisierungen. Trotzdem ist dieses Ergebnis erst einmal festzuhalten.

4.2 Nehmen Gymnasiastinnen und Gymnasiasten Gottesdienste emotional anders wahr?

Manch eine Gemeindeleiterin oder ein Gemeindeleiter mag die Vorstellung haben, dass solch ein deutlicher Unterschied sich auch zwischen den alten Schulformen (Hauptschule, Realschule,

---

2 R. Kecskes (2000), S. 96.
3 E. Rosenboom (1962), S. 55; wie auf Seite 58 des Textes von Rosenboom deutlich wird, kann damit auch unterschiedliches Mitwirken im Gottesdienst gemeint sein.

Gymnasium) zeigen wird. Entsprechend äußerte ein Kollege sinngemäß: „Hauptschüler sind eben schwieriger als Gymnasiasten." Weil Marie-Luise sich auch bei Stimmungen und Empfindungen anders ausdrückt als Chantal, wird dann auch ein Unterschied in den Emotionen vermutet. Doch der Sachverhalt ist differenzierter.

Deutlich zeichnete es sich bei dem Wissen und der Schreibbereitschaft ab: Hauptschüler wussten und schrieben weniger als Realschüler und diese wussten und schrieben weniger als Gymnasiasten. Da hier keine komplexen Denkoperationen, sondern besagtes Basiswissen gefragt war (Wer spricht den Segen?), handelt es sich nicht um eine Anforderung, die außerhalb der Möglichkeiten vieler Hauptschülerinnen und -schüler lag. So blieb z. B. die Kenntnis einfachen begrifflichen Sachwissens (Was tut ein Organist? Häufige Antwort: organisieren) mit 55 % richtigen Antworten niedriger als bei denen aus dem Gymnasium (70 % richtig). Ebenso zeigt sich das bei der oben schon aufgenommenen Frage nach knapp einem Jahr Konfirmandenarbeit, ein einziges Gebetsanliegen auf einer freien Linie zu notieren. Rund ein Viertel der Hauptschüler tat dies mit einem Inhalt, der als akzeptabel bezeichnet werden konnte, rund 40 % waren es bei den Realschülern und etwa 60 % bei den Gymnasiasten. Ein sehr erfreuliches Ergebnis ist dies auch bei den Gymnasiasten nicht, doch an diesem Punkt stellen wir fest, dass die Unterschiede zwischen den Schulformen unübersehbar sind.

Besonders sticht dies auch bei der Entwicklung innerhalb des ersten Jahres ins Auge. Während die Hauptschüler nach rund einem Jahr Unterricht und Erfahrungen in 14 bis 17 Wochenendgottesdiensten mühsam 34 % der Fragen korrekt beantworten, liegen die Gymnasiasten schon in den ersten drei Wochen am Anfang bei 39 %; sie beginnen also bei einem Wissensstand, der das übersteigt, was sich die Hauptschüler in einem Jahr erst erarbeitet haben. Das gesamte Bild in diesem Bereich dürfte darauf zurückzuführen sein, dass mit dem (alten) dreigegliederten Schulsystem immer eine gewisse Form der dreistufigen Leistungsselektion verbunden ist und dadurch die generell „Test-

Stärkeren" eher im Gymnasium zu finden sind, während die, denen solche Wissenstests schwerer fallen, eher von Hauptschulen kommen.

Diese Tendenz wird auch in der EKD-weiten Studie zur Konfirmandenarbeit in ganz allgemeinem Rahmen festgehalten. Demnach finden sich die deutlichsten Unterschiede zwischen Schülerinnen und Schülern von Gymnasien und Hauptschulen im Bereich von Kenntnissen: „61 % der Gymnasiasten, aber nur 43 % der Hauptschüler sagen beim ersten Befragungszeitpunkt von sich, dass sie wissen, ‚was zum christlichen Glauben gehört'. Beim zweiten Befragungszeitpunkt steigen diese Werte für beide Gruppen deutlich an und liegen dann bei 76 % (Gymnasiasten) bzw. 59 % (Hauptschüler) – der Abstand hat sich dabei allerdings kaum verringert … Insbesondere das auswendig Aufsagen von Texten gehört zu den Methoden, die bestehende Leistungsunterschiede für die Gruppe evident machen dürften."[4]

Die Autoren verweisen dabei auf die Selbstauskunft der Jugendlichen zur Kenntnis des Credos, die bei Hauptschülern deutlich schlechter ausfällt.[5] Doch muss der Grund für diesen Unterschied nur bei den Konfirmandinnen und Konfirmanden liegen? Die Autoren der damaligen Studie stellen die Frage, ob dies an der vergleichsweise geringen Zahl der Hauptschüler unter vielen Gymnasiasten liegt oder ob „dieses Ergebnis auch als Indiz für eine einseitig kognitiv orientierte Didaktik angesehen werden" könnte.[6] Der Befragung der Leiter und Leiterinnen der Konfirmandenarbeit könne entnommen werden, dass „die eingesetzten Methoden vornehmlich dem gymnasial-unterrichtlichen Repertoire" entstammen.[7] Hier sind auch die Lehrenden in der Konfirmandenarbeit gefragt. Auch oder gerade Basiswissen muss (im religiösen Bereich) nicht mit einer sehr kognitiv ausgerichtet

---

4 W. Illg / F. Schweitzer / V. Elsenbast (2009), S. 196.
5 W. Illg / F. Schweitzer / V. Elsenbast (2009), S. 196: „Ziemlich genaue" Kenntnis 69 % Gym, 59 % RS, 52 % HS.
6 W. Illg / F. Schweitzer / V. Elsenbast (2009), S. 196.
7 W. Illg / F. Schweitzer / V. Elsenbast (2009), S. 196.

Pädagogik unterrichtet werden, sondern kann auch im Zuge von praktischen Aktivitäten (z. B. von Spielen) eingeprägt werden.

Bei der Bereitschaft zur Mitarbeit im Gottesdienst ist dieser Trend schon nicht mehr ganz so eindeutig. Als Beispiel können wir hier auf die Bereitschaft zu praktischer Hilfstätigkeit blicken (z. B. Stühle tragen, Kerzen anzünden, Gesangbücher austeilen, Kollekte einsammeln, Mikrophon im Gottesdienst umstellen, etwas im Gottesdienst nach vorn tragen, Blätter austeilen usw.). Auch hier heben sich Gymnasiastinnen und Gymnasiasten ab ab. Bei ihnen besteht nach einem Jahr die Bereitschaft zu rund 3,2-maliger Hilfe, Schülerinnen und Schüler anderer Schulformen sind immerhin noch zu 2,6-maliger Hilfe bereit.

Erfreulicher ist demgegenüber, dass die Zustimmung zu emotionalen Aussagen und zu intrinsischen Motiven für zukünftige Gottesdienstbesuche unabhängig von der Schulart ist und dass die eher „kognitiv orientierte", „gymnasial" geprägte Bildung und Didaktik der (durchschnittlichen) Leitenden bei den Affekten offenbar keine Rolle spielt. Das heißt negativ formuliert, bei einigen Gemeinden können Schülerinnen und Schüler aus allen drei Schulformen den emotionalen Aussagen gleichermaßen gar nicht zustimmen. Positiv formuliert: Bei anderen Gemeinden stimmen Jungen und Mädchen aus allen Schulformen affektiven Aussagen gleichermaßen eher zu. Auf die Schulform kommt es emotional nicht an.

Zusammenfassend lässt sich sagen: Im Bereich von Wissen, Schreibbereitschaft und bedingt auch im Bereich der Bereitschaft zur Mitarbeit findet sich eine deutliche Stufung entsprechend der „Rangfolge" der Schulstufen. Bei den affektiven Skalen finden sich hier jedoch keine Effekte.

4.3 Was bringen Vorerfahrungen mit Kindergottesdienst und Kindergruppen?

Neben der unterschiedlichen Sozialisation von Mädchen und Jungen sowie der „Selektion", die mit den Schulformen verbunden ist, war noch ein Bereich ganz eigener Voraussetzungen in den oben beschriebenen Skalen immer wieder auffällig: die konkrete Vorerfahrung mit kirchlichen Gebeten, Liedern, biblischen Geschichten, aber auch mit dem Kirchraum, mit leitenden Personen usw., wie sie kirchliche Kindergruppen und Kindergottesdienste mit sich bringen.

Unsere Auswertung zeigte, dass sich diejenigen mit vorausgegangenem regelmäßigen Besuch einer kirchlichen Gruppe oder dem Kindergottesdienst auch nach einem Jahr Konfirmandenunterricht deutlich abheben – und zwar in allen Skalen. Da mehr Mädchen mit diesen Vorerfahrungen zu finden waren, wurde noch einmal eigens getrennt nach Geschlecht berechnet. Aber auch hier zeigte sich die Stufung innerhalb der Jungen genauso wie innerhalb der Mädchen.

Das heißt: Wer als Kind „regelmäßig" dabei gewesen ist, weiß auch nach einem Jahr Konfirmandenarbeit mehr, schreibt mehr, will mehr helfen, stimmt positiven Emotionen eher zu und ist für die Zeit nach der Konfirmation motivierter, zum Gottesdienst zu gehen. Bei der Frage nach Emotion und Motivation heben sich sogar diejenigen, die nur unregelmäßig bei solchen Veranstaltungen waren, deutlich von denen ab, die nie eine kirchliche Kindergruppe oder einen Kindergottesdienst erlebt haben. Dies gilt am Anfang wie nach einem Jahr. Offenbar bringen diese früheren Besuche eine Vorerfahrung mit sich, die im Schnitt von den anderen in keinem der genannten Felder nach einem Jahr Konfirmandenarbeit eingeholt werden.

Eine Möglichkeit der Interpretation könnte darin bestehen, dass bei den kirchlichen Kindheitsaktivitäten in Wirklichkeit die Eltern im Hintergrund stehen. Wie eine Berechnung (Korrelation unter Berücksichtigung der Kirchenverbundenheit der Mutter und des Vaters) zeigt, bestehen die entsprechenden Korrelationen „Vorerfahrung mit Kindheitsangeboten" zu „Emotion und Motivation" jedoch unabhängig von der Kirchlichkeit der Eltern.[8]

Wir können zusammenfassen: Es macht einen erheblichen Unterschied, ob Jugendliche mit Vorerfahrung, zum Beispiel durch Kindergottesdienst, in die Konfirmandenarbeit kommen oder nicht. Dieser Unterschied ist so groß, dass er sich auch nach einem Jahr noch immer unübersehbar auswirkt. Jugendliche mit Vorerfahrungen sind im statistischen Mittel gesehen in allen Belangen besser und motivierter.

Insgesamt lässt sich feststellen, dass in den unterschiedlichen Skalen Konstellationen eine Rolle spielen, deren Gründe außerhalb der Konfirmandenzeit liegen: Je nach Geschlecht, Schulform und vorab besuchten Kindergottesdiensten oder Kindergruppen werden bei den Skalen signifikant unterscheidbare Mittelwerte erreicht. Wir können daraus folgern: Unterschiede im Erleben von Gottesdiensten hängen deutlich von externen Faktoren ab, die als „Disposition" unabhängig von der Konfirmandenarbeit vorliegen und in diese mitgebracht werden.

Der weitreichende Einfluss von Vorerfahrungen durch Kinderangebote für die Konfirmandenarbeit beim Thema Gottesdienst sollte kirchenpolitisch zur Verstärkung der Angebote für Kinder führen. Darüber hinaus bleibt an dieser Stelle jedoch die Frage weitgehend offen, ob es auch während der Konfirmandenzeit pädagogische Ansatzmöglichkeiten mit einem fördernden Einfluss gibt, und vor allem, welche dies sind. Dass dies für das Wissen möglich ist, hatten wir oben schon dargestellt.

---

8 Einen Überblick zum Einfluss von Eltern gibt im Übrigen B. Husmann (2008), S. 174–176.

4.4   Wissensgemeinden contra Emotionsgemeinden?

„Ok", sagt Dirk, „in meiner Gemeinde gibt es schon Kindergottesdienstarbeit, die lässt sich weiter ausbauen; wie aber
sieht es während des Konfirmandenjahres aus?" Dirk blickt
auf sein eigenes Berufsleben zurück, wo und wie ihm bei
Kollegen, bei Besuchen in der Ausbildung und bei eigenen
Erfahrungen Konfirmandenarbeit erfolgreich zu sein schien.
Bei einzelnen Besuchen hatte er den Eindruck, dass es einige
Gemeinden in besonderen Gottesdiensten schaffen, die Jugendlichen emotional zu „packen". Aus seiner eigenen Konfirmandenzeit erinnert er, dass er erstaunlich viel Wissen mit
auf den Weg bekommen hat. Dort erst hat er das Credo gelernt sowie die Kirchenjahreszeiten; er hat Bilder in Erinnerung usw. Emotional dagegen sind die Erinnerungen eher
verschwommen. Die Jugendgruppe nach der Konfirmation
hat ihn stärker bewegt. Sollte er sich eher um Wissens-
vermittlung oder um emotional positive Erfahrungen bei den
Konfirmandinnen und Konfirmanden bemühen?

Um Dirk diese Frage zu beantworten, werden wir nun Konfir-
mandengruppen mit hohen affektiven Werten bzw. mit hohen
Wissenstestwerten genauer betrachten. Die Frage von Dirk nach
den methodischen Möglichkeiten geht jedoch weiter: Daher werden wir im anschließenden Abschnitt mit unseren Fragebogendaten besondere Merkmale der Gemeinden vergleichen: ob sie
etwa Jugendgottesdienste anbieten, ob sie mit Teamern arbeiten u. ä.

Bei diesem Vergleich erwartete ich eigentlich, dass sich Gemeinden identifizieren lassen würden, die vor allem die Affekte
der Jugendlichen ansprechen, und andere, die erfolgreich das
Basiswissen vertiefen, ohne jedoch emotional viel Eindruck zu
machen. Die Ergebnisse belehrten mich eines Besseren. Es stellte
sich heraus, dass diejenigen Gemeinden mit überdurchschnittlichem Wissenszuwachs auch am ehesten Affekte berührten,
während Gemeinden, in denen es kaum Basiswissen gab, auch

bei den positiven, emotionalen Aussagen keine Zustimmung erhielten. Auch die Bereitschaft zur Mitarbeit reihte sich hier ein, so dass sich einerseits Gemeinden fanden, die in praktisch allen Belangen überdurchschnittlich waren, und andererseits Gemeinden mit durchweg unterdurchschnittlichen Werten.

Es spricht viel dafür, dass es ohne positive Emotionen kein Interesse an Basiswissen gibt. Aufgrund der dominanten emotionalen Erfahrungen in der Jugendgruppe erinnert sich Dirk nicht mehr, auch im Konfirmandenunterricht emotional engagiert gewesen zu sein, aber vermutlich gab es schon damals Erlebnisse, die ihn berührt haben. Denn: Die Konfi-Zeit war Dirks Einstieg in die Jugendarbeit und damit auch in seinen späteren Beruf.

Pädagogisch heißt dies: Die Jugendlichen sind vorrangig auf der emotionalen Ebene anzusprechen. So kommt es zu Lerninteresse und Lernerfolg. Eine Binsenweisheit, eigentlich – aber die Erfahrung zeigt, dass sie in vielen Gemeinden bis heute nicht beherzigt wird.

Gibt es nun Arrangements in den Gemeinden, die solch einen emotionsbezogenen Ansatz befördern? Wir untersuchten Gemeinden mit KU3- bzw. KU4-Modellen, mit Feriencamps, Teamern und regelmäßigen Jugendgottesdiensten. Wo waren am ehesten „überdurchschnittliche" Gemeinden (mit überdurchschnittlichen Emotionen und damit verbunden eben auch überdurchschnittlichem Wissen der Konfis) zu finden? Besonders bei denen, die regelmäßige Jugendgottesdienste anboten, erwartete ich Überdurchschnittliches. Doch meine Erwartung wurde enttäuscht. In all den genannten Arrangements gab es gleichermaßen überdurchschnittliche wie unterdurchschnittliche Gemeinden. Ein klarer Ausschlag war nicht auszumachen.

Mehr noch: Die „überdurchschnittlichen Gemeinden" wiesen keinen erkennbaren gemeinsamen Nenner auf: Sie verwendeten nicht nur unterschiedliche Modelle der Konfirmandenarbeit, sie wiesen auch unterschiedliche theologische und ekklesiologische Profile auf; waren eine bunt gemischte Zusammenstellung aus liberalen und evangelikalen Gemeinden. Da gab es solche mit freieren Gottesdienstformen wie auch andere mit traditionellerer Liturgie.

4.5 Hilft Bandmusik? – Und was bringen Teamer?

Auf der Suche nach dem entscheidenden Unterschied prüfte ich nun genauer auf drei Hypothesen hin:

1. Mehr bewirkt mehr: Viele Jugendgottesdienstbesuche verbessern die Motivation.
2. Musik mit Pepp bringt's: Gemeinden mit Bandmusik haben einen Vorsprung.
3. Teamer reißen's raus: Konfirmandenmodelle mit etwas älteren Jugendlichen, die Andachten und Gottesdienste durchführen, motivieren auch mehr zum Gottesdienst.

(1) Zunächst ließ sich erheben, wie viele Jugendgottesdienste die Konfirmandinnen und Konfirmanden erlebt hatten. Waren nun die Jugendlichen, je mehr Jugendgottesdienste sie besucht hatten, umso motivierter, auch weiterhin am Gemeindeleben teilzunehmen? Das Ergebnis war ernüchternd: Mehr wirkt nicht mehr. Eine Verbindung von häufigerem Besuch von Jugendgottesdiensten und höherer Motivation existiert nicht. Auch verändert sich nicht die Einstellung zum Gottesdienst insgesamt: Er sei „langweilig", sagen ebenso viele Jugendliche mit Jugendgottesdiensterfahrung wie ohne. Einzig die Zustimmung zu einzelnen positiven emotionalen Erfahrungen ist etwas höher. Mit anderen Worten: Die Jugendlichen machen zwar einzelne bessere Erfahrungen, dies bleibt aber ohne Konsequenz für die Akzeptanz des Gemeindegottesdienstes und für die künftige Motivation. Das heißt, der scheinbar gute Vorschlag mit diesen spezifischen Gottesdiensten scheint das Grundproblem im Verhältnis „Jugendliche und Gottesdienst" nicht lösen zu können. Wenn Kerninteressen des Gottesdienstes die Jugendlichen nicht berühren, „nützt" es auch nicht, einfach die Form auszutauschen.

(2) Dies gilt auch für die Bandmusik. Ich stellte die Mittelwerte von Gemeinden mit Bandmusik (in Hauptgottesdiensten, Thomasmessen und Jugendgottesdiensten) den Mittelwerten von Gemeinden gegenüber, die keine Band zu bieten hatten. Es stellte sich dabei heraus, dass der Einsatz einer Band einen gewissen

Anfangseffekt mit sich brachte. Nach einem Jahr aber verpuffte dieser Effekt: Ob mit oder ohne Band – das hatte keine Auswirkungen auf die affektiven Erfahrungen.

(3) Anders als bei diesen beiden Beispielen stellt sich der Befund bei der Frage dar, ob mit Teamern gearbeitet wurde oder nicht. Es stellt sich heraus, dass sowohl in unserer Stichprobe als auch bei der repräsentativen EKD-weiten Untersuchung die Existenz von jugendlichen Teamern dazu führte, dass die Konfirmandinnen und Konfirmanden weit häufiger Interesse äußerten, später in der Jugendarbeit mitzuwirken. Teamer machen Jugendarbeit attraktiv. Das lässt sich festhalten.

Auch hier erfolgte jedoch beim Thema Gottesdienst die Ernüchterung: Sechs Untersuchungsgruppen mit Teamern hatten gegenüber sechs Untersuchungsgruppen ohne Teamer exakt die gleichen Werte in Bezug auf die Motivation zum künftigen Gottesdienstbesuch. Nicht einmal die Bereitschaft, in Gottesdiensten mitzuwirken, war in den Gemeinden mit Teamern höher. Es lässt sich interpretieren: Dass Teamer anwesend sind, heißt noch lange nicht, dass sie für Gottesdienst werben bzw. selbst ein positives Verhältnis zum Gottesdienst haben.

Die drei Hypothesen bringen uns nicht weiter. Was also ist das „Geheimnis" der „überdurchschnittlichen" Gemeinden? Dem auf die Spur zu kommen, half die Auswertung von Gesprächen mit Jugendlichen, auf die wir noch zu sprechen kommen. Zunächst aber nähere Informationen zu den Befragten:[9]

4.6   Zum Hintergrund der Fragebögen

Knapp 800 Konfirmandinnen und Konfirmanden wurden zweimal befragt: zu Beginn und nach einem Jahr ihrer Konfirmandenzeit. Durch Zugänge und Abgänge waren es insgesamt 956 Beteiligte (erste Messzeitpunkt 785, zweite Messzeitpunkt 801). Die

---

9 Die gesamten Details finden sich in K. Meyer (2012).

Mehrzahl war am Anfang 12 oder 13 Jahre alt. Von diesen Jugendlichen besuchten ein Zehntel die Hauptschule, ein Drittel die Realschule, rund 47 % das Gymnasium und der Rest weitere Schulen. Damit liegt die Studie im Bereich der hier zu erwartenden Zahlen evangelischer Jungen und Mädchen.

Für die Praxis ist sicherlich noch interessant, dass zwar etwa 50 % nie einen Kindergottesdienst besucht hatten. Rechnet man neben Kindergottesdienst auch Kindergruppen für Sechs- bis Zwölfjährige hinzu, hat immerhin jeder Fünfte als Kind für eine gewisse Zeit mehr oder weniger regelmäßig kirchliche Angebote genutzt.

Und weiter? Generell hatten die Jugendlichen innerhalb des ersten Jahres der Konfirmandenarbeit rund zwei Schulgottesdienste besucht. Bei den Jugendgottesdiensten sah es komplexer aus: Je nach KU-Modell konnten dies zwischen vier und acht Jugendgottesdienste sein (acht bei Modellen mit Feriencamp). Besuchszahlen von Sonntags- bzw. Wochenendgottesdiensten (für alle Altersgruppen) waren in den beteiligten KU3-Modellen relativ geringer (14), da diese Modelle nur von September bis April Unterricht hatten. Bei den anderen Modellen waren es durchschnittlich 17 bis zu den Sommerferien. Darüber hinaus kommen bei allen noch im Schnitt rund vier andere Gottesdienste wie Kasualien hinzu.

5 Jugendliche sprechen über Gottesdienst

Conny (und übrigens auch Frank) sind sehr einsilbig, wenn die Rede auf den Gottesdienst kommt; Marie-Luise sagt viel, aber macht sich über alles lustig; Chantal steckt voller Anekdoten. Um herauszubekommen, ob es auch gemeinsame Linien im Gesprächsverhalten von Jugendlichen gibt, habe ich 44 rund einstündige Gespräche mit Jugendlichen geführt und diese ausgewertet.

Schauen wir dabei vor allem auf die Kriterien, nach denen Gottesdiensterfahrungen positiv („voll schön") oder negativ („langweilig", „scheiße") beurteilt wurden. Was genau macht nach den eigenen Begründungen der Jugendlichen den Unterschied aus? Gibt es ein Hauptkriterium der Jugendlichen, das sich mit diesem Unterschied verbindet? Ein solches Hauptkriterium könnte helfen, die Frage zu beantworten, was die über „durchschnittlichen" Gemeinden von „unterdurchschnittlichen" unterscheiden könnte. Ich greife dabei auf die Formulierungen aus meinem Forschungsmaterial zurück:

Julia: Langweilig, steif und unfröhlich …
Christine: und kalt.
Julia: Ja.
Christine: Und unbequem.
Interviewer: Mm. Okay.
Julia: Die Bänke müsste man besser polstern, dann …
Interviewer: Okay!
Julia: … dann ist es wieder, wenn man, wenn man auf diese Holzdinger sitzt, ist es dann so anstrengend in der Kirche, als ob Glaube keinen Spaß macht.

Das Resultat der Begegnung mit dem Gottesdienst kann ernüchternd ausfallen: „langweilig, steif … unfröhlich", „kalt" sind Stichworte, die die Praktiker kennen und die Jugendliche in die-

ser sehr klaren oder etwas milderen Form immer wieder äußern.[1]
Das Beispiel zeigt, dass durchaus ein Glaubensinteresse vorhanden ist, wie der letzte Satz zeigt („als ob Glaube keinen Spaß macht"). Die erlebte Realität mündet jedoch in ein vernichtendes Urteil. Warum kommt es zu diesem Urteil?

5.1 Ein erstes Kriterium: sich fremd und außenstehend erleben

Viele Jugendliche erleben, dass sie nicht nur am Anfang in einer Außenperspektive gegenüber dem Gottesdienst stehen, sondern auch nach einem Jahr. Ihre Distanz kann in den Gesprächen ganz unterschiedlich ausgedrückt werden. Innerhalb der damit verbundenen Fremdheitserfahrungen werden besonders Sprache und soziale Distanz als Gründe für schlechte Bewertungen genannt. Der folgende Gesprächsausschnitt kann dies gut wiedergeben:[2]

Bernd: Wieson Aaaazt! Wieson Aaaazt!
Interviewer: Wie son was?
Bernd: Wie son Aaaazt, die reden ja auch ganz so geschwollen.
Interviewer: Aaaazt?
Bernd: Geschwollen!
Arendt (macht langsames Reden nach): Ja, so: Haaalllllloooo?
Interviewer: Was ist Aaaazt? Versteh ich nicht.
Christian: Arrrzt!
?m: Wenn man krank ist.
Interviewer: Ach so, ist nicht ganz angekommen.
Arendt: Daammiitt wwiirr ddaass aauucchh vveerrsstteeehhn.

In diesem Wortwechsel mischt sich das Problem der Sprache der Ärzte (und der Gottesdienst- oder Pastorensprache) mit dem Nichtverstehen von mir als Interviewer. Das markiert auf ganz

---

1 Z.B. schon H. Siegel (1984), „Gottesdienst und Konfirmanden", in: Handbuch für die Konfirmandenarbeit. Herausgegeben vom Comenius-Institut in Verbindung mit dem Verein KU-Praxis, Gütersloh, S. 143–159. S. 143 ff.
2 W1T1, 635–646; es geht um die Sprache von Pastor/inn/en im Gottesdienst.

verschiedenen Ebenen Verständnisprobleme zwischen der Sprachwelt der Jugendlichen und der von Ärzten, Pastoren (auf einer ersten Ebene) und mir im Gespräch (auf einer zweiten Ebene). Der Unterschied und Abstand wird zuerst begrifflich durch das Wort „geschwollen" ausgedrückt. Als Zweites wird er etwas parodierend durch unnatürliche Sprechweise vorgeführt („vveerrsstteeehhn") und schließlich wird das Problem dialogisch auf der Ebene des hier gedruckten Gesprächs deutlich: Zwei Seiten verstehen sich nicht („versteh ich nicht").

Man kann nun lange spekulieren, ob es eher um den parodierenden Ausdruck einer „abgehobenen" Sprache geht oder eher um die Erfahrung, dass gegenüber Kindern langsamer „erklärend" gesprochen wird. Entscheidender als diese Detailfrage ist, dass die Jugendlichen durch die Sprache das Gefühl bekommen, dass herablassend auf sie geblickt wird.[3] Die Jugendlichen bringen zum Ausdruck: „Pastoren und Ärzte sehen auf uns herab. Im Gottesdienst machen Pastorinnen und Pastoren das durch ihre Sprache deutlich." Es versteht sich, dass dies nicht in positiven Wertungen des Gottesdienstes mündet.

Die Distanz und Außenperspektive der Jugendlichen können jedoch auch historisch verortet werden. Das folgende Beispiel bezieht sich auf Gottesdienstlieder:[4]

Nick: Langweilig. (Leises Auflachen)
Lukas: Ja
Nils: … passen überhaupt nicht zum=zum Thema …
David: Schon gar nicht in unsere Zeit.
Nils: Echt. Dann singt man noch so alte Lieder aus der 80 und 70er Jahren, obwohl wir jetzt im zweiten …
Nils: Wo Christus äh Jesus gerade angefangen hat zu singen. Da, diese Lieder singen wir. Anstatt sie mal ein bisschen rockiger machen. Zum Beispiel irgendwie ui … oh … so Rocklieder so. So was halt mal.

---

3 Zumindest die Distanz bestätigt sich auch im Laufe des Gesprächs durch das Unverständnis des Interviewers.
4 W3T2, 796–812.

Den Jugendlichen geht es vermutlich weniger um die korrekte musikhistorische Einordnung. Es geht vielmehr um einen metaphorischen Hinweis auf eine Art „epochale" Distanz. Sie wollen sagen: All diese Lieder des Gottesdienstes stammen aus einer fernen Zeit, die nicht die unsere ist. Ob es die 80er Jahre sind oder die Zeit Jesu, spielt keine Rolle. Offenbar geht es nicht nur um die Musik. Vielmehr steht diese hier für den empfundenen Abstand zum ganzen Geschehen am Sonntagmorgen („Wo ... Jesus gerade angefangen hat zu singen").

„Epochale Musikdifferenzen", Sprachprobleme und in anderen Gesprächen Adjektive, wie „unnormal", „fremd" und „unverständlich", sind Ausdrücke, die die Inkongruenz mit dem Eigenen, als normal und bekannt Empfundenen umschreiben. Die Jugendlichen erleben sich gegenüber dem sonntäglichen Hauptgottesdienst als außenstehend und den Gottesdienst in weiter Ferne von ihrem eigenen Leben; das ist die Situation, die hier umschrieben wird. Die Mitschnitte nach einem Jahr Konfirmandenarbeit zeigen, dass dies kein Anfangsphänomen ist, sondern diese Einschätzung für den Gottesdienst auch nach neun bis zwölf Monaten charakteristisch bleibt. Eine zusammenfassende Metapher für diese Distanz bildet ein Junge in der folgenden Passage nach einem Jahr Unterricht:[5]

Luise: Man betet vielleicht auch. Und singt vielleicht auch Lieder.
Robert: In welcher Traumwelt lebst denn du?
Mehrere lachen.

Luises Wunsch nach einem idealen Gottesdienst, in dem es, recht vorsichtig formuliert, „vielleicht auch" Lieder und Gebet geben könne, scheint uns nicht ungewöhnlich. Für Robert ist dies aber offensichtlich „welt"-fremd. Und da er zweifellos nach einem Jahr Konfirmandenarbeit weiß, dass Beten und Singen in „Welten" anderer Menschen vorkommen, meint er hier offensichtlich die Distanz zu seiner Welt, aus der heraus er fragen kann, in „wel-

---

5 H3T2, 266–268; zur Frage nach einem idealen Gottesdienst.

cher" Welt denn Luise lebe. Mit der Metapher „Traum"-welt wird in besonders anschaulicher Form ein trennender „Graben" deutlich (hier „Traumwelt" gegenüber der eigenen, wachen, „normalen Welt"). Auch wenn diese Aussagen sich nicht unmittelbar mit Urteilen verknüpfen, charakterisiert doch diese Metapher der „Welt" gut, wie auf verschiedenen Ebenen dieses „in-einer-anderen-Welt-stehen" der Jugendlichen zu negativen Wertungen führt.

5.2 Ein zweites Kriterium: „Kinderfreundlichkeit"

Obwohl in der Forschungsliteratur die beginnenden Konfirmandinnen und Konfirmanden als „Jugendliche" gelten, bezeichnen sie sich selbst noch nicht mit diesem Begriff, sondern reden von sich selbst als „Kindern". Ein Kriterium für gute oder schlechte Gottesdienstwertungen ist daher auch, ob diese „kinderfreundlich" waren. Auch die ganz konkreten Wünsche, mit denen dieses verbunden wird, muten „kindlich" an (S2T1, 857 f.):

Erik: Also ich denk mal, wenn man reinkommt und gleich erst mal ein Bonbon kriegt, das ist gut. (Ganz ähnlich zwei weitere)

Nicht nur in den ersten Wochen, auch nach einem Jahr spielt die sinnliche Erfahrung des Essens noch eine große Rolle in Verbindung mit Gottesdiensten. Kindergottesdienste mit entsprechendem Angebot bleiben daher auch dann besonders gut in Erinnerung, wenn die Konfirmandinnen und Konfirmanden schon ein Jahr lang in der Konfirmandenarbeit sind und ganz andere Erfahrungen mit Gottesdiensten gemacht haben:[6]

Daisy: Ja, die haben da immer Kekse, Kuchen.
Ben: Kekse.
Daisy: Und dann wurde der Kuchen immer so rumgegeben und so.

---

6 S1T2, 1226–1236, zum Kindergottesdienst – nach einem Jahr Konfirmandenunterricht.

Ben: Kuchen.
Brit: Das war kein Kuchen. Das war Brot.
Alex: Das war Brot.
(Lachen)
Ben: Das hat aber gut geschmeckt.
Daisy: Ja. Das war (cool).

Und nach einem Jahr Konfirmandenunterricht über Gottes-dienst – dem Kontext nach kein Kindergottesdienst:[7]

Anne: Ja, es gab was zu Essen. Das war lecker.
Ken: Wo?
Anne: In der Kirche.
Clara: Da gibt's was zu Essen?
Lene: Ja.
Anne: Einen Apfel. Oder Erdbeeren. Oder Kirschen. Oder=oder was weiß ich.[8]

In beiden Fällen ist nicht ganz eindeutig, was es zu essen gibt. Wichtig ist die schmackhafte Nahrung als solche. Während sich das „gut" oben nur auf den Geschmack bezieht, bezieht sich das „cool" auf das gesamte geschilderte Geschehen. Im zweiten Fall ist das „lecker" eine Aussage, in der Wertung und deren Begrün-dung im Geschmack in eins fallen. Etwas weiter gefasst, kann man unter diesem Punkt auch die guten oder weniger guten Sitz-möglichkeiten und so allgemein die leiblich-sinnlichen Erfah-rungen als Kriterium für „Kinderfreundlichkeit" aufnehmen.

Ein zweiter Punkt im Rahmen der „Kinderfreundlichkeit" ist die Frage der Gestaltung. So sollten zum Beispiel Predigten (ver-mutlich nicht nur aus der Sicht der Jungen und Mädchen) nicht zu lang sein. Ein anderes Gestaltungskriterium ist die „Unter-haltsamkeit", die sich zum Teil auch an Punkten des Gottesdiens-tes festmachen lässt, die für die Verantwortlichen erst einmal nicht im Zentrum stehen:[9]

---

7 N1T2, 636–640.
8 Vgl. auch S1T2, 1237 ff „gut geschmeckt".
9 G1T1, 191–195.

Hanne: Aber … das Baby war so süß … (einige lachen) Und der Vater wusste nicht, wie er's halten soll (mehrere lachen).
Hanne: War gute Unterhaltung.
(Mehrere lachen.)
Ella: So lebhaft.

Und:[10]

Lio: Aber warte, ah, genau, der Weihnachtsgottesdienst war gut, weil das Krippenspiel war sehr lustig.
Ulli: Ja, ja, das war sehr lustig. Das stimmt.
Lio: Ich hab mich gut amüsiert.
Ulli: Ja, ich auch.

Gestaltung im Sinne „guter Unterhaltung" gehört also zu einem zweiten Bereich der Kriterien. Gerade bei Letzterem stellt sich für Theologinnen und Theologen jedoch die Frage, ob es in einem Gottesdienst wirklich um Unterhaltung gehen sollte oder nicht etwas anderes im Vordergrund stehen müsste. Wir kommen auf diesen Punkt zurück.

Ein dritter Bereich ist alles, was sich mit der Möglichkeit verbindet, die eigene, jugendliche „Tatkraft" einbringen zu können. In einem Gespräch wird dies zum Teil mit dem Stichwort „Altersgerechtigkeit" verbunden. Die Jugendlichen wollen mit den Fähigkeiten ihres Alters aktiv eingebunden werden:[11]

Barbi: Und wenn man nicht mitgemacht hat, dann (…) ist er sowieso nicht so spannend.

Mitmachen, mitwirken, mithelfen kann in sehr verschiedenen Facetten erlebt werden. Entscheidend ist, ob die Jugendlichen dabei das Gefühl bekommen, dass sie altersgemäß „mitgenommen" werden und ihre Tatkraft Wertschätzung findet:[12]

---

10 Fr2T2, 120–124.
11 R3T2, 779 f.
12 R2T1, 306–312.

Lars: Und dann haben wir, ich weiß nicht, welche Geschichte wir vor-geführt haben. Also wir haben das auch so da=spielerisch dargestellt mit Sprechen richtig. Und das war auch=das war auch die Vorbereitung war auch lustig. Man konnte sich konzentrieren. Man hat das alles mehr durchgenommen und so. Das war ganz schön. Auch das Vorführen war dann irgendwie was anderes, als immer nur zuzuhören. So=sozusagen selber da=selber das machen.

In dieser letzten Beschreibung wird auch gleich erklärt, warum dieses Erlebnis so haften geblieben ist, dass darüber in ein paar Sätzen berichtet werden kann (Vorbereitung; mehr durchgenom-men; höhere Konzentration durch „selber" machen). Interessant ist hier, dass der Inhalt (!) der Geschichte vergessen wurde („ich weiß nicht, welche Geschichte …"), aber das „selber" produktiv Beteiligtsein behalten wurde.

5.3   Ein drittes Kriterium: Gemeinschaft und Stimmung

Neben Distanzerleben und der häufigen Kinderunfreundlichkeit kreist ein dritter Begründungszusammenhang um „Stimmung" und „Gemeinschaftsgefühl". Es macht den Jugendlichen (und auch hier: sicher nicht nur diesen) zunächst einfach mehr Spaß, wenn sie nicht allein, sondern mit Menschen zusammensitzen, die sie gut kennen:[13]

Christina: Zum Beispiel halt auch Hochzeiten oder Konfirmation oder so, das find ich einfach ganz schön, weil man auch mit der Familie da sitzt.

Zu den christlichen Pfadfindergottesdiensten:[14]

„macht Spaß weil wir … uns untereinander gut verstehen."

---

13   HeIT2, 159 f.
14   Fragebogen 60–03-T1, S. 2.

Besonders bei einer Kasualie wie der Hochzeit kann auch die Atmosphäre und die gesamte Stimmung stark empfunden werden. Bei Hochzeiten sind es eher Mädchen, die dieses Thema ins Gespräch bringen:[15]

Frauke: Ähm letztes ähm letzte Woche waren Julia und ich ähm bei ner Hochzeit. Und dann haben die, die geheiratet haben, haben auch son kleines Buch gemacht, wo die ganzen Lieder drinne standen und so. So was find ich auch eigentlich ganz gut.
Christa: Und dann war da noch so ne Frau, die hat dann „Amazing Grace" alleine halt vor der ganzen Kirche gesungen, ne?
Frauke: Ja.
Christa: Und die Braut war sofort angefangen zu weinen. Und Laura und ich saßen da mit Gänsehaut. (13 Sekunden Pause)

Gegenüber den hier beschriebenen positiven interpersonalen Beziehungen steht als Gegensatz das Alleinsitzen mit „langweilig" als anschließendem Urteil:[16]

Conny: Aber manchmal geh ich ja ja, also wir machen manchmal mit der ganzen Familie was. Die ist riesengroß. Dann gehen wir auch immer in die Kirche, wenn zum Beispiel unsere verstorbene Oma oder so Geburtstag hat, da waren wir in der Kirche. Mit allen zusammen macht's dann auch mehr Spaß so, als wenn man dann da alleine sitzt. Man ist ja eigentlich nie alleine. Weil man mit dem Konfer ähm Konfi dabei ist. Aber, die meisten kennt man dann nicht oder so. Und das ist dann langweilig.

Anders wiederum werden Andachten innerhalb eines Wochenend-KU bewertet, die einmal im Quartal stattfinden:[17]

Mädchen, Gesamtschülerin: „Bei Andachten ist es viel gemütlicher. Es macht sehr viel Spaß mit anderen zu schweigen, zu singen, zu beten …"

---

15 W2, T2, 377–385.
16 H4T2, 203–209.
17 Fragebogen HT3,12.

Ein eigener besonderer Bereich, was Gemeinschaft und Stimmung angeht, sind die Freizeiten, die in der abschließenden Passage zu diesem Bereich etwas ausführlicher aufgenommen seien:[18]

Alex: Hat man dann auf dem Boden zusammen gesessen. Hat jeder ne Kerze bekommen. Hat man halt ein paar Lieder gesungen. Ein bisschen ähm manchmal hat Herr (Horn) auch so gemacht, mit som kleinen Klang-Klangschale oder wie das heißt.

Chris: Brrr brrr

Alex: Dass man dann noch mal über den Tag nachgedacht hat. Dann haben wir …

Bernd: So lang, bis sie ausge(?) hat.

Alex: … noch mal gesungen. Und dann ähm haben wir uns so gegenseitig den Segen zugesprochen. Und dann sind wir ins Bett gegangen.

Victor: Ich glaub, es war auch interessant, dass wir mal besprochen haben, was am Tag passiert ist.

Lars: Ja.

Victor: Was auch die Woche zurücklag. Und was uns auch selber passiert ist. (Lachend:) Halt so was …

Chris: Und Nachtwanderung.

Victor: (… ?) zu sagen, auf der Wanderung, ja, die war sehr anstrengend.

Victor: Aber wir haben's geschafft. Dann sagt er, jawoll, so war das. Und man kann auch selber darüber sprechen.

Lars: Ja, das war …

Frank: Aber nach der Wanderung wars gut, mal zur Ruhe zu kommen.

Lars: Ja, aber …

Alex: Nach der Wanderung war's schön, die Schuhe auszuziehen. (…)

Alex: Hat man halt son bisschen ein Gemeinschaftsgefühl gehabt.

Lars: Das war schön.

Alex: Also, man hatte dann auch bei den Abendausklängen son bisschen ein Gemeinschaftsgefühl.

---

18   GrT2, 1143–1165+1181+1186 f. mit Auslassungen.

5.4 Wertungen, Handlungen, Konsequenzen der Jugendlichen

Mit der hier beschriebenen Bewertung und ihren Begründungen verbinden sich auch ganz konkrete Aussagen dazu, wie im Gottesdienst gehandelt wird und welche Folgen die Gestaltung des Gottesdienstes für das Agieren der Jugendlichen in der Kirche hat, z. B.:[19]

Nele: Versteht man auch gar nicht.
Dara: Und dann kann man auch meistens nicht mehr zuhören.
(Lachen und Durcheinander)
Dara: Nein, dann kann man sich irgendwie nicht mehr konzentrieren, find ich.
Alex: Da kannst du voll einschlafen. Egal, ob du müde bist oder nicht. Da schläfst du so ein.

Auf Nicht-Verstehen folgt Abschalten – bis hin zum Einschlafen. Wer so schlechte Erfahrungen macht, ist natürlich wenig geneigt, wieder im Gottesdienst zu erscheinen. Weihnachten und Kasualien bilden dabei am ehesten eine Ausnahme.

Neben diesen eher selbstverständlichen Folgen für das Verhalten im Gottesdienst selbst oder für zukünftige Besuche kann auch das Diskussionsverhalten in den Gesprächsgruppen als eine „Folge" der jeweiligen Erfahrungen bezeichnet werden. So brechen diejenigen mit durchgehend negativen Erfahrungen das Gespräch eher ab oder flüchten sich in Witze bzw. ganz andere Themen. Demgegenüber gibt es bei denjenigen, bei denen es auch zu positiven Erfahrungen kam, Redepassagen, in denen sehr dicht zum Thema Gottesdienst gesprochen wurde.

Hier einige Ausschnitte aus solchen Gesprächen, die im „mittleren Bereich" angesiedelt werden können. Die Jugendlichen reagieren hier mit Ironie auf die Fremdheit des Gottesdienstes:[20]

---

19 N3T2, 1170–1173 bzw. DrT2, 56.
20 H3T2, 537–562.

Anne: Ähm, wie heißt dieses schwarze Teil? Talar?
Ben: Tanga? (Lachen)
Ben: Ja, Ta- ja,
Anne: Talar.
Ben: Ach so. Taler. Ja, das ist son=das ist son Geldstück, ne? (Lachen)
Anne: Und wie heißt dieses weiße Dings noch? Äh …
Cord: Ach, dieses weiße Ding. Robe.
Anne: Diese=diese weiße=nein, entweder dieser=diese Halskrause oder diese … (Lachen)
Anne: weiße
Cord: Keine Ahnung (…)
Anne: Streifen da vorne. Wie son …
Cord: Streifen da vorne.
Anne: Ah, egal.
Cord: Streifen!
Ben: Friedenstauben. (Lachen)

In Anekdoten zu Gottesdiensten spiegeln sich dabei auch „Risiken" bei der rituellen Handlung, die mit Initiation zu tun haben und die religionswissenschaftlich als klassisches Phänomen bezeichnet werden können. Die eigene Betroffenheit durch eine mögliche „Gefahr" wird hier angesprochen und durch pointiert komische Bemerkungen gebrochen:[21]

Urs: Ähm, ja mh, die mussten sich da auch alle hinknien. Haben die auch ein Segen gekriegt, …
Chris: Also (…) ziemlich viel Geld gekriegt. Und das Einzigste, was ich noch weiß, dass er aus- dass er ausgerutscht ist und ne Gehirnerschütterung hat.
Armin: Was hat er?
Chris: … Ne Gehirnerschütterung. Der ist ausgerutscht. Und die Treppen runtergefallen. (Lachen der Gruppe)
Arndt: In der Kirche?
Chris: Oh Gott.
Arndt: Welche Treppen denn?
Chris: Da bei diesem Altar, diese zwei Stufen da. Und da ist der ausgerutscht. (Lachen der Gruppe)

---

21 N3T1, 191–210; mit kleiner Auslassung.

Chris: Konnte sich nicht (halten) und dann Hinterkopf voll drauf.
Arndt: War er ohnmächtig?
Armin: Dann konnte er gleich das ganze Geld bezahlen.
Chris: War ja nichts kaputt.
Daniel: Doch, der Kopf. (Lachen der Gruppe; 2 Sekunden Pause)

In guter kirchengeschichtlicher Gesellschaft – mit inhaltlicher Nähe zu Fragen (nicht nur) aus der Zeit von Tertullian – befindet sich auch eine weitere Gesprächsgruppe, die über das Abendmahl spricht:[22]

Anja: Also die verglei-, vergleichen den immer mit irgendwas.
Elke: Ja, zum Beispiel, zum Beispiel beim Abendmahl, die Oblaten ist das Leib äh der Leib. Oder das Leib?
?w: …
Caro: Der Leib.
Babsi: Wenn man das dann isst, … (Lachen der Gruppe)
Elke: Und der Wein ist Blut.
Babsi: …, dann ist das ja eigentlich nicht grade so die schönste Vorstellung, oder? (Lachen der Gruppe)
Fanny: (lachend)Nee!
Elke: Also wenn, dann gebraten! (Lachen der Gruppe)
Elke: Aber nicht roh! (Lachen der Gruppe)
Elke: Aber ich weiß ja nicht, wie gebratene Oblate schmeckt. (Lachen der Gruppe)
Fanny: Ich glaub, du weißt auch nicht, wie gebratener Mensch schmeckt.
Lisa: Hoffentlich nicht. (Lachen der Gruppe)

„Tanga" statt „Talar", Diskussionen um den rohen oder gebackenen Leib Christi beim Abendmahl sind Diskussionsstrategien, mit der Fremdheit der Sprache und der eigenen Perspektive des Außenstehens und doch nicht nur Außenstehens umzugehen.

---

22 G1T2, 486–507; mit einer kleinen Auslassung.

5.5 Drei Gesprächstypen beim Thema „Gottesdienst"

Als Zusammenfassung dessen, wie sich die Jugendlichen in den Gesprächen mit dem Gottesdienst auseinandersetzten, kann ich drei „Gesprächsgruppentypen" unterscheiden, um die ganz unterschiedlichen Erfahrungs- und Verhaltensweisen zu pointieren. Vielleicht mag dem Praktiker die eine oder andere Variante bekannt vorkommen:

Typus 1: Die nur gelangweilten Themenabbrecher

Die „Welt" des Gottesdienstes ist für diese Gesprächsgruppen einfach nur „anders". Insbesondere die Sprache des Gottesdienstes ist völlig fremd. Lieder und Texte sind aus ihrer Sicht nicht aktuell und scheinen dazu auch noch „aus Jesu Zeiten" zu stammen. „Kinderfreundlichkeit" wie gute, altersangemessene Unterhaltung, sinnlich-leibliche Erfahrungsmöglichkeiten, das Einbeziehen jugendlicher Tatkraft und eine spürbare Atmosphäre können sie in dieser Veranstaltung nicht finden. Wenn sie von anderer Seite (Eltern oder Pastor) Druck bekommen, findet die Abwehr auch einmal deutlich Worte (war „scheiße"). Mit dieser Wertung einher geht als entsprechende Handlung, dass die Jugendlichen im Gottesdienst „auf einen Punkt starren", sich „nicht konzentrieren" und „nicht zuhören". Was sie in der Stunde in der Kirche erleben, wird dann auch vergessen und drückt sich in einem Gruppengespräch durch Schweigen, Reihung von Stichwortwissen und schließlich dem Abbruch des Themas aus. Es ist nur konsequent, dass sie nicht beabsichtigen, wiederzukommen, es sei denn, dass sie meinen, trotz des schlechten Eindrucks mit Verwandten und Familie zu Kasualien gehen zu müssen. Ohne positive Impulse fehlt auch der Stoff für Verbesserungsideen.

Wenn man dezidiert nach Verbesserungsmöglichkeiten fragt, bekunden sie, den Gottesdienst durch andere Formen ersetzen zu wollen, die „altersgerechter" und „kinderfreundlicher" sind. Gute Erfahrungen haben sie mit Disco, Swimmingpools, Rätselshows gemacht. Diese wären – nach eigenen Aussagen aus den Gesprächen – ein Ersatz für die bisherigen Aktivitäten um 10.00 Uhr in der Kirche, der ihnen entspräche und auch gern am selben Ort stattfinden könnte.

Typus 2: Die Anekdotenerzähler

Auch bei dem zweiten Typus findet sich keine positive Haltung gegenüber dem Gottesdienst. Das Fremde tritt etwas stärker hervor und kann als „komisch" empfunden werden, wobei sich in dieser Wertung gleichermaßen Fremdartigkeit und Belächeln spiegeln können. Auch wenn sie selbst es nicht direkt bestätigen, zeigt sich doch in Kommentaren zu anderen Jugendlichen, dass auch sie im Gottesdienst zum kurzen Austausch über dieses „Komische" neigen: „Quatschen" nennen sie das dann bei anderen (nicht bei sich selbst). Wie die Gruppengespräche zeigen, fällt ihr Blick im Gottesdienst mehr noch als bei anderen auf das Außergewöhnliche. Ihr Lieblingsgesprächsthema ist das Kuriose. In den Gesprächen überspitzen sie ihr Befremden durch Pointen (Talar, Taler, Tanga) und kleine, anekdotische Narrationen, die die Distanz zum Gottesdienst betonen oder in einem dialogischen Spiel die Unsicherheit zwischen Außenperspektive und einer gewissen Nähe ausdrücken. Ihnen fällt die nasepopelnde Pastorin auf, die Braut, die sich in ihrem ausufernden Brautkleid auf den antiken Stühlen vor dem Altar nicht hinsetzen kann, weil sonst die Nähte platzen, das Plantschen eines Babys im Taufbecken und sie erinnern sich an den Herzinfarkt eines älteren Herrn in der Kirche. Manchmal spiegelt sich in diesen Kuriosa auch eine Art eigenes Interesse, wenn es um die „Gefahren" von Gottesdiensten geht. So wissen sie von Fällen zu berichten, nach denen eine Konfirmandin zum Beispiel ihre Konfirmation fast verschlafen oder ein Konfirmand im letzten Augenblick vor der Einsegnung beim Stolpern über die Stufen des Altars eine Gehirnerschütterung erlitten habe. Die Prognose zukünftiger Gottesdienstbesuche und Verbesserungsideen entsprechen dem Typus 1.

Die Jugendlichen wollen (müssen) zu Kasualien wieder kommen, die ihrerseits viel Stoff für Anekdoten liefern. Bei den Verbesserungsvorschlägen tendieren auch sie zum Ersetzen der kirchlichen Sonntagsveranstaltung. So könnte die Kirche mit ihrem Gottesdienst, wie eine Gruppe vorschlägt, z. B. durch eine Kneipe ersetzt werden, die ja – dies erlaube ich mir frei dem hinzuzufügen, was die Jugendlichen geäußert haben – auch ein guter Ort fürs Anekdotenerzählen ist.

Typus 3: Die „doch auch gut"-Urteilenden

Neben Langweile im Gottesdienst hat die dritte Gruppe auch noch Positives erlebt. Oft liegt es nicht gleich auf der Hand, aber im Verlauf des Gesprächs erinnern sich dann die Jugendlichen: Es gab besondere Elemente im Gottesdienst, Sondergottesdienste oder Kasualien, die diese Jugendlichen angesprochen haben. Neben den Liedern aus anderen Epochen, die ihnen fern waren, wissen sie auch von gottesdienstlichen Aktivitäten zu berichten. Sie haben etwas Sinnliches erlebt, zum Beispiel einen Gegenstand geschenkt bekommen, und durften sich freiwillig mit eigenen Aktivitäten betätigen. Unterhaltsamkeit und das Erleben von Atmosphäre und guter Gemeinschaft verbanden sich. Die Gruppe kennt beide Seiten und nennt den Kontrast, z. B. mit einem „langweilig, aber dann doch auch gut …". In der Nachbargemeinde sei es so, in der eigenen so, entsprechend bei der einen Gottesdienstform im Gegenüber zur anderen Gottesdienstform. So haben sie durchaus die Erfahrung von Konzentration gemacht und nicht alles vergessen. In den Gesprächen spiegelt sich dies in kleinen Erzählungen von Gottesdiensten, die eine Nähe zum Geschehen erkennen lassen. Konsequent können sie sich vorstellen, in Gemeinschaft mit anderen zu den präferierten Gottesdienstformen oder denen mit bevorzugten Elementen wiederzukommen. Diese Gruppe hat Erinnerungsstoff für Verbesserungsideen und kann damit konstruktiv umgehen. Die Jugendlichen schlagen Theaterstücke vor, biblische Bilder, eine Kammer für Seelsorgegespräche

während des Gottesdienstes oder Verfahrensweisen zur Liedaus-
wahl, auf die wir unten eingehen werden.

5.6 Die Frage nach dem Hauptkriterium

Wir haben herausgearbeitet, nach welchen Kriterien Conny,
Frank und all die anderen in Gesprächen den Gottesdienst beurteilen und wie verschiedene Gesprächstypen chrakterisiert
werden können. Offen ist noch die Frage, ob es so etwas wie
ein Hauptkriterium gibt, mit dem vielleicht sogar geklärt werden könnte, warum manche Gemeinden in allen Belangen überdurchschnittlich abschneiden und andere in keiner Hinsicht.

Die vielfältigen Begründungen für Bewertungen des Gottesdienstes sind tatsächlich nicht alle gleichrangig. Insbesondere
lässt sich eine stärkere Gewichtung von Gemeinschaft, Stimmung und Atmosphäre nachweisen. Unübersehbar ist in diver-
sen Passagen, dass sonstige Negativ-Erfahrungen gegenüber der
Gesamtatmosphäre und dem Gemeinschaftsgefühl eines Gottesdienstes nebensächlich werden können. Zunächst eine Passage
zum unbequemen Sitzen und mangelnder Sicht:[23]

Boris: Wir mussten hinten schon auf dem Boden von der Kirche sitzen.
Weil da, ich glaub, 700 Leute oder so da waren.
Frank: Ich hab kaum was gesehen.
Boris: Aber man … aber es war halt auch …
Chris: Voll die gute Stimmung einfach.
Boris: Ja.
David: Ja.

Obwohl die Jugendlichen kaum etwas gesehen haben, überwiegt
die „gute Stimmung", wie aus der Gruppe mit mehrfachem „ja"
bestätigt wird. Auf diese kommt es an. Andernorts gibt es auch
noch Anderes zu erleben:[24]

---

23 GrT2,245–251.
24 W1T1, 200–203.

Jenny: Ach, es hat Spaß gemacht nach diesem Stallgottesdienst! Man hat ja auf Heuballen gesessen und da war überall Stroh aufm Boden. Auf einmal fingen die kleinen Kinder an, einen mit Stroh zu bewerfen. Hatten dieses ganze Stroh im Nacken. Das war so unangenehm, aber trotzdem auch lustig.

Das sinnlich Unangenehme und der scheinbar weniger „altersgerechte" Spaß von Kleinkindern ist hier aufgehoben in dem gleichzeitig erlebten Vergnügen. Das Beziehungsgeschehen mit den Kleinen („lustig") relativiert das pieksende Stroh im Nacken. Dies ist unmittelbar nachvollziehbar und doch für weit mehr als das Selbstverständliche prägend.

Diese Dominanz der Stimmung kann auch eigene Aussagen der Jugendlichen relativieren. In Gruppe GrT2 wird zunächst festgestellt, dass die Jugendlichen Predigten „nie" inhaltlich erfassen können („worum es eigentlich geht"), keine 10 Minuten später wird aber deutlich, dass eine Trauansprache sehr wohl einen verständlichen Inhalt hatte und der Gottesdienst insgesamt von der Stimmung her positiv bewertet wird: fröhlich![25]

David: Predigen haben auch nie ein Plan, worum's eigentlich geht.
Boris: Nee.
Chris: Nee.
Arndt: Ich auch nicht.

ca. 10 Minuten später zu einer Trauung:

David: Also ich weiß noch, da hat dieser Pastor da ... über die ...
Boris: Gott.
David: ... über den Lebenslauf von denen da erzählt. Wie die sich kennengelernt haben ...
Chris: Das war (?) fröhlicher Gottesdienst, sag ich mal so. ...

Entgegen den zunächst anderslautenden Aussagen der Jugendlichen werden innerhalb eines positiven Stimmungs- und Beziehungsgefüges („fröhlicher") Predigtinhalte verstanden („wie die

---

25   GrT2 1407 f.+1776–1788.

sich kennengelernt haben"). Es lässt sich eine „Dominanz des Sozialen" in Wertungen zum Gottesdienst festhalten: Im Zweifel
sind Stimmung und Gemeinschaftserfahrung ausschlaggebend
für die Bewertung. Wenn man diese hohe Bedeutung verstanden
hat, erschließen sich auch andere Aussagen der Jugendlichen, deren Hintergrund zunächst eigenartig oder gar unverständlich
scheinen. Dies sind zum Beispiel auch ungewöhnliche Verglei-
che. So wird der Gottesdienst in einem Fall einem Schulbus ge-
genübergestellt, in dem man sich prügelt:[26]

Interviewer: Die Frage war, gibt's irgendwie besondere Erfahrungen,
die man sozusagen außerhalb von Gottesdiensten nicht machen kann?
Nils: Dass alle still auf einem Haufen hocken und sich nicht prügeln. ..
Lukas: Keiner prügelt sich.
Nick: Im Bus ist das anders, da hocken auch all auf einem Haufen und
prügeln sich. (bestätigendes Murmeln anderer) In der Kirche nicht.
Interviewer: Im Bus?
Nick: Im Bus!

Dieser Ortsvergleich schien mir auf den ersten Blick befremdlich,
da zumindest Erwachsene eine Prügelei im Bus nicht mit dem
Gottesdienst vergleichen würden. Bedenkt man die hohe Bedeutung von Gruppenbeziehungen auch im Erleben des Gottesdienstes, liegt das tertium comparationis „zusammen sitzender Jugendlicher" schon sehr viel näher.

Als Zweites kann die hohe Bedeutung von Gemeinschaft und
Atmosphäre Ausnahmen erklären: Wir hatten schon festgestellt,
dass Bewertungen mit inhaltsbezogenen Kriterien fast ganz fehlen. Einzelne Ausnahmen können unsere bisherige Argumenta-
tion weiter untermauern:[27]

Tobi: Ja. Äh, der Pastor
Daniel: Aber eigentlich ganz interessant.
Tobi: Ich find's eigentlich ganz gut, dass der auch manchmal über mo-
derne Themen – macht er auch manchmal ne Predigt. Über aktuelle.

---

26 H1T1, 215–228.
27 S2T2, 873–884.

Daniel: Ja.

Andy: Zum Beispiel, dass er über sein eigenes Leben erzählt.

Tobi: Ja.

Daniel: Ja.

Tobi: Oder das, was er mal erlebt hat. Mit zum Beispiel also (?) Themen.

Daniel: Seinen Kindern.

Tobi: Oder ja …

Daniel: Seinen Kindern oder auch so Privates und äh (?) äh Beruf- liches (?) erzählt.

Während es zuerst so scheint, als würde sich das Urteil „gut" auf die Aktualität der Themen beziehen, tendiert das Gespräch im Verlauf immer mehr zu einem anderen Aspekt. Es geht bald nicht so sehr darum, dass Predigtgeschichten „Modernes" be- inhalten, sondern darum, dass sie vom Leben des erzählenden Pastors handeln. Die Jugendlichen wollen von seinem Leben hö- ren, von seinen Kindern, seinem Privaten und seinem Beruf. Mit dem Erklärungsmodell dominanter, sozialer und in diesem Fall persönlicher Beziehungen erklärt sich dann eine Besonderheit: Inhalte (nämlich biographisch-personale Inhalte) werden zum Kriterium für „interesssante" Predigten (dies geschieht sonst nie, siehe unten Kapitel 7.1).

Als Drittes ist festzustellen, dass ungewohnte Auftritte im Gottesdienst auch als peinlich beurteilt werden können. Ob Pein- lichkeit auftritt, kann (nicht nur, aber auch) mit der Gesamt- atmosphäre und stimmigen Beziehungen erklärt werden. Es spricht viel dafür, dass neben einem altersgemäßen Ansatz ein stimmiges Gemeinschaftsgefühl und eine stimmige Beziehung Peinlichkeiten vermeiden helfen.

Zusammenfassend lässt sich sagen, dass Gesamtstimmung und Sozialerleben gegenüber allen anderen Begründungen bei den Jugendlichen ausschlaggebendes Gewicht haben. Daneben spielen Details in der Sinneswahrnehmung (kaum etwas hören), Kinderfreundlichkeit oder „Altersgerechtigkeit" nicht mehr die erste Rolle.

6 Konsequenzen für den Unterricht mit Konfirmandinnen und Konfirmanden

Für Dirk als KU-Leiter ist es wichtig zu wissen, was die Konfirmandin Conny, ihre Freundinnen und Freunde in Erinnerung behalten – Außergewöhnliches, Raum-Leib-Bewegungs-Konstellationen und interpersonale Erfahrungen – und was ihre Kriterien für positiv bewertete Gottesdienste sind – Fragen von Fremdheit und Distanz, „Altersgerechtigkeit" und „Kinderfreundlichkeit" sowie Stimmung und Gemeinschaftsgefühl. Schon diese zweimal drei Punkte lassen sich mit ersten Unterrichtsideen verknüpfen, um mit und an diesen Aspekten pädagogisch gelenkt zu arbeiten.

6.1 KU eröffnet und nutzt Spielräume

Drei Kriterien legen sich zur Überprüfung von Konfirmandenunterricht nahe:

a. Gelingt es, das scheinbar Gewöhnliche des Gottesdienstes durch etwas Außergewöhnliches, etwa durch eine bewusste Verfremdung, so aufzubrechen, dass eine fruchtbare Spannung entsteht? So könnte die Fremdheit, die die Konfis erfahren, pädagogisch zugänglich gemacht werden. Wir „spielen" mit dem Fremden, lassen uns darauf ein, stoßen uns auch daran – und kommen ihm so auf die Spur. (Beispiele folgen)

b. Entsteht ein kreativer Freiraum für die Jugendlichen, durch den sie selbst Inhalte und Formen tatkräftig, altersgerecht und unterhaltsam ins Spiel bringen können?

c. Lässt sich mit methodischen Ideen und Bausteinen ein Spielraum für soziale Interaktionen innerhalb der Gruppe schaffen, um Beziehungen zu knüpfen und das Gemeinschaftsgefühl zu stärken (Beziehungen innerhalb der Konfi-Gruppe, aber auch zur Gottesdienstleitung und eventuell zu anderen Gottesdienstteilnehmerinnen und -teilnehmern)?

Sinnvoll ist die Arbeit mit einem begrenzten Element des Gottesdienstes.[1] Erst durch die Eröffnung eines verfremdenden Spielraums (s. o. Frage a) entsteht eine Spannung zum Hergebrachten, die etwa einen Abschnitt des Gottesdienstes wieder für Kreativität öffnet und gleichermaßen Lehrende und Lernende zur gemeinsamen Arbeit an einem Stück motivieren kann. Dies gilt auch gerade für das rituell scheinbar Festgefügte vieler Gottesdienststücke.

Die kreative Annäherung (s. o. Frage b) lässt sich auch theologisch begründen: Das eingangs formulierte pädagogische Ziel, z. B. „Christ sein können", umfasst einerseits die Fähigkeit, sich in bestehende Formen und Rituale hineinfügen und sie mitvollziehen zu können; zum evangelischen Verständnis gehört andererseits aber auch, sich dazu in freier Verantwortung vor Gott und den Menschen durchaus schöpferisch zu verhalten.[2]

Schließlich bleibt festzuhalten, dass gelingende Gemeinschaft (s. o. Frage c) nicht immer einfach „machbar" ist, sondern zu einem guten Teil unverfügbar bleibt. Das heißt aber nicht, die Hände in den Schoß zu legen. Gerade im Wissen darum, dass wir hier immer wieder Gottes Geist als Hilfe brauchen, sollte man an den unterschiedlichen Beziehungen innerhalb von gottesdienstlichen Gruppen wie unter den verschiedenen gottesdienstlichen Gruppen arbeiten.

---

1 Die Abfolge der Elemente des Gottesdienstes ist so komplex und zugleich variabel, dass selbst Vikare am Anfang nicht alle Stücke in der richtigen Reihenfolge ordnen können. Kommen Fürbittengebete und Abkündigungen vor oder nach dem Abendmahl, Kanzelsegen nach Predigt oder nach Abkündigungen? Lesungen direkt nach dem Gloria in excelsis oder unterbrochen von einem Lied? Welches sind die vier verschiedene Stellen für den liturgischen Gruß? Die Liste ließe sich fortsetzen. Zur liturgischen Ausbildung vgl. J. Neijenhuis, Liturgik – Elemente des Gottesdienstes im Kontext, Göttingen 2012.

2 Vgl. „Liturgisches Lernen ... als ... schöpferischer Prozess" B. Husmann / Th. Klie (2005), a. a. O., S. 27.

Im Einzelnen zu (a) bis (c)

Mit Fremdheit „spielen" (a): Am Hindu-Gottesdienst mit seiner Fremdheit ist mir ein Doppeltes deutlich geworden: Ich kann mir als Erstes in gewisser Analogie vorstellen, wie fremd Jugendlichen in vielen Aspekten der Gottesdienst ist. Als Zweites erlebe ich aber auch, dass die Buntheit und einfach die Andersartigkeit ein erstes Interesse auslösen: Ich will mehr wissen, frage nach den Kästen, in denen sich die Götterstatuen befinden, nach den Inhalten der Lieder, der Bedeutung der Farben usw. In der Irritation durch das außergewöhnliche Fremde reizt das Unbekannte als das Abenteuerliche, Faszinierende, Exotische, weil „dieses dem Menschen Bewährungsmöglichkeiten offeriert, die seine Kräfte wecken und seine Selbstverwirklichung fördern".[3]

Anders als ich im Hindu-Tempel erleben die Jugendlichen die Fremdheit des christlichen Gottesdienstes jedoch in einer gebrochenen Form: Der Gottesdienst gehört „irgendwie" auch zur eigenen Tradition, die meisten waren zumindest schon in einem Weihnachtsgottesdienst. Kirche ist etwas, was „irgendwie" bekannt erscheint. Durch diese Form des „Halbbekannten" wirkt die Fremdheit oft nicht mehr in derselben Form als Auslöser von Interesse, wie im Fall des ganz Anderen, „Exotischen" des Hindugottesdienstes.

Als pädagogisches Mittel verstärke ich daher die Erfahrung des Fremderlebens, indem ich gottesdienstliche Elemente weiter verfremde und ihnen so „neu" den Charakter des überraschend Anderen gebe. Indem ich einzelne Elemente mit scheinbar Kuriosem verbinde, ermögliche ich ein inneres Abarbeiten an der Ambivalenz zwischen Vertrautheit und Unvertrautheit. Es versteht sich, dass diese Verfremdungen zwar in Spannung zur klassischen Form des Gottesdienstes stehen, aber, wie schon gesagt, dennoch den jeweiligen Inhalt unterstützen sollen. Kurz gesagt, geht es um bewusste Verfremdung als Spiel und andersartige

---

3 A. Wierlacher (1993), S. 39.

Aufnahme des Fremdheitserlebens vieler Konfirmandinnen und Konfirmanden, das angesichts des „Halbbekannten" neu Interesse und vertiefte Beschäftigung auslösen kann.

Liturgisches Lernen als kreativer Prozess (b): Die Fragebogenzahlen hatten gezeigt, dass die Jugendlichen viel häufiger zu praktischen Hilfstätigkeiten bereit sind, als diese abgerufen werden. In den Gesprächen war das Interesse aufgefallen, in eigener altersgerechter Tatkraft zu handeln. Wir hatten das folgende Zitat oben schon aufgenommen:

> „Also wir haben das auch so da=spielerisch dargestellt mit Sprechen richtig. Und das war auch=das war auch die Vorbereitung war auch lustig. Man konnte sich konzentrieren. ... Das war ganz schön. Auch das Vorführen war dann irgendwie was anderes, als immer nur zuzuhören. So=sozusagen selber da=selber das machen."

Beides gehört zusammen: Der Gottesdienst hat seine vorgeprägte Form, die für die Gemeinde in der Wiederholung Vertrautheit schafft, aber die auch stets zu reformieren bleibt und auch sonntags einmal aufgebrochen werden kann. Denn: die Jugendliche wollen, wenn sie ein erstes Interesse entdeckt haben, auch ihre Ideen einbringen können und dazu brauchen sie geeignete, altersgemäße Freiräume. Es lohnt sich daher Orte und Elemente des Gottesdienstes zu suchen, in denen die Konfirmandinnen und Konfirmanden selbständig agieren und planen können. Ein eigener Schritt besteht darin, die Ideen und Aktionen der Jungen und Mädchen dann in einer wertschätzenden Inszenierung in den Gottesdienst zu integrieren.

Beziehungsarbeit (c): Gute Stimmung und Gemeinschaft sind nicht alles, aber ohne gute Stimmung und Gemeinschaft ist alles nichts. Weniger auf Stimmung und Gemeinschaft gemünzt, formuliert Michael Meyer-Blanck: „Eine überzeugende Inszenierung ... ist nicht alles, aber ohne sie ist alles nicht."[4]

---

4   M. Meyer-Blanck (2011), S. 384.

Überzeugend wird eine Inszenierung für die Jugendlichen dann, wenn Stimmung und Gemeinschaft erfahrbar werden. Diese wichtige Feststellung haben die Konfirmandinnen und Konfirmanden mit ihrem dafür sensiblen Gespür auch durch alle ihre Gespräche, Begründungen und Erzählungen deutlich gemacht.

6.2 Beispiele

Was heißt das praktisch-methodisch? Eine hilfreiche Zusammenstellung von Ideen für alle Elemente des Gottesdienstes findet sich z. B. in einem Heft des PTI Kassel von Christiane Berthold-Scholz und Claudia Rudolff 2011.[5] Darüber hinaus haben wir hier einige Beispiele aufgenommen. Sie ersetzen nicht den Blick in die Gemeinden und auf die Gaben und Möglichkeiten vor Ort. Gemessen am jeweiligen gemeindlichen Potenzial sind sie nur Fragmente und bewusst aus einem Bereich ausgewählt, bei dem es keiner speziellen Voraussetzungen bedarf. Es geht darum, exemplarisch anschaulich zu machen, wie „Spielräume" verstanden und ausgestaltet werden können.

Beispiel 1: Meditationen

Eine erste Möglichkeit können kleine Meditationen sein, um ein Gespür für eine Form gottesdienstlicher Religiosität auszubilden: Jeweils für die erste Viertelstunde des Unterrichts gingen wir im Konfirmandenunterricht in die Kirche. Die stammte aus

---

5 An diese Vorschläge der Autorinnen lassen sich die Kriterien von oben anlegen. Es lässt sich nach Spannung, Kreativität und Gemeinschaftserfahrung fragen. In diesem Zusammenhang scheint mir der Vergleich des Gottesdienstes mit einer Party, der in dem Band mehrfach aufgenommen wird, zwar schlüssig, hat mich aber insgesamt nicht ganz überzeugt. Das tertium comparationis ist hier aus der Sicht der Jugendlichen allzu klein gegenüber dem erlebten Unterschied.

den Siebzigern und hatte Bodenheizung, alle Konfirmandinnen und Konfirmanden durften sich zu ihrer Überraschung auf Matten im vorderen Bereich der Kirche direkt um den Altar herumlegen. Wir fingen an mit Stilleübungen, mit Fantasiereisen, Einübungen in Meditationsformen, die Geborgenheit vermittelten, und mit einem Segenswort endeten.

„Werde langsam ruhig, schließ die Augen, hör der Musik zu. Stell dir einen großen herbstlichen Baum vor. Die Blätter sind rot, gelb und braun. Sie leuchten fast im Licht des Nachmittags. Der Wind bläst durch die Blätter. Horch einmal, wie es rauscht. Wenn du willst, trittst du an den Stamm heran … (hier folgen weitere meditative Vorschläge, den Baum zu berühren, zu riechen, an ihm hochzuklettern) In der Krone des Baumes möchte ich dir ein Segenswort sagen: *Der Herr segne dich und behüte dich, der Herr lasse leuchten sein Angesicht über dir und sei dir gnädig, der Herr erhebe sein Angesicht auf dich und gebe dir Frieden.* Jetzt ist es Zeit die Aststufen wieder hinabzugehen, bis auf den Boden. Wenn du so weit bist, verabschiede dich von dem Baum. Dies ist dein Baum. Wann immer du willst, kannst du zu ihm zurückkehren. Jetzt erinnere dich, wo du bist (in der Kirche hier [und jetzt]), und wenn du willst, öffnest du wieder die Augen."[6]

Danach tauschten wir uns über das Erlebte und Erfahrene aus. Nach ein paar Stunden schrieben die Konfirmandinnen und Konfirmanden selbst meditative Fantasiereisen, erzählten von ihren Orten der Geborgenheit. Ein Junge beschrieb seine Vorstellung, auf einer Luftmatratze in einem See zu schwimmen und den Wolken zu folgen. Ein Mädchen reiste in einer Seifenblase aus ihrem Badezimmer hinaus in den Garten. Am Ende fügten sie selbst einen ausgewählten Geborgenheits-Segen an. Diese Werke nahmen wir in den folgenden Stundenanfängen auf. Die

---

6 Leicht variiert entnommen aus: K. Meyer (2003), „Vertrautheit von Konfirmandinnen und Konfirmanden mit dem lutherischen Gottesdienst – Anregungen zu einer Didaktik der Liturgie", in C. Mork (2003, Hrsg.), Konfirmandenzeit als Biographiebegleitung (Arbeitshilfen KU Nr. 22), Rehburg-Loccum, S. 23–37, S. 33 f.

Jugendlichen wurden so mit ihren Vorstellungen einbezogen. Es wurden *ihre* Meditationen.[7]

Kurios, und einen kleinen Bericht zu Hause wert, war zunächst das „verfremdende" gemeinsame Liegen um den Altar in einer sonst leeren Kirche. Der Überraschungseffekt mag für Jugendarbeiterfahrene geringer sein, ist aber für all diejenigen hoch, die nur von Weihnachten oder Kasualien Gottesdiensterfahrungen mitbringen. In dieser außergewöhnlichen Form des Liegens um den Altar wurde die Form des Segens näher gebracht. Sowohl dieses Liegen als auch der anschließende Austausch im Chorraum wurden auch als besondere soziale Erfahrung erlebt. Am Ende waren es nicht „irgendwelche" Fantasiereisen, die gelesen wurden, sondern die Reisen des oder der einen „von uns". Die Einbeziehung eigener Phantasien verband sich mit dem Bewusstsein, sich schon zu Anfang der Konfirmandenarbeit kompetent und kreativ einbringen zu können. Darüber hinaus entstandene Sensibilität für die religiöse Praxis der Meditation, für eigene Geborgenheitserfahrungen und für die Form des Segens. Die Jugendlichen fanden erste Zugänge zu religiöser Sprache.

Beispiel 2: Begegnungen

Wir hatten oben berichtet, dass die wenigsten KonfirmandInnen am Anfang wissen, was ein „Organist" ist („er organisiert etwas"). Zum Basiswissen über Gottesdienst gehört es, Funktionen und Tätigkeiten zu kennen, die Teil des Sonntagsgottesdienstes sind. Um sie geht es im folgenden Beispiel:

Regelmäßig luden wir in den Vorkonfirmandenunterricht „Funktionsträger" ein: Küster, Organistin, Diakon, Sekretärin, Jugendhelferin, Pastor, Kirchenvorsteherin und eine alte Dame nahmen an den für sie typischen Orten im Gottesdienstraum Platz. Die Konfirmandinnen und Konfirmanden gingen jeweils

---

7 Aus: K. Meyer (2003), S. 33 f.

zu dritt reihum von Station zu Station und führten mit den einzelnen Personen kleine Interviews. Sie erfragten so von diesen Personen selbst, was sie im Gottesdienst für Aufgaben hatten. Die Konfirmandinnen und Konfirmanden lernten die Funktionen kennen und zugleich traten sie in eine persönliche Beziehung mit den Interviewten: Jede und jeder konnte mit den „Funktionsträgern" von Angesicht zu Angesicht reden. Gottesdienstfunktionen und der Gottesdienst selbst bekamen ein persönliches Gesicht. Sie hörten schließlich in den unterschiedlichen Interviews ein weites Spektrum, wie Gottesdienst vorbereitet und erlebt werden konnte.

Die Personen waren in Kongruenz mit den Erfahrungen am Sonntag dort zu finden, wo sie auch vor, während oder nach dem Gottesdienst anzutreffen sind, und zugleich war die Situation „verfremdet". Das Gespräch von Auge zu Auge war etwas ganz Eigenes, Ungewöhnliches: einmal selbst auf die Empore zur Orgel gehen, die Organistin auf einem Stühlchen neben der Orgel selbst zu sprechen; den Küster auf einem hohen Hocker neben dem Altar zu seiner Technik zu interviewen, die Kerzen ohne Rauchbildung zu löschen. In dieser „außerordentlichen" Form wurden Vertrautheit und Wissen vermittelt.

Ein Interviewleitfaden war vorher mit der Gruppe im Unterricht entwickelt worden und doch nutzten viele die Freiheit zu viel weiteren und vertieften Gesprächen in der gegebenen Zeit. Mit der neuen Beziehung zu der Organistin, dem Küster und den weiteren offiziellen Trägern des Gottesdienstes entwickelte sich eine gewisse Sicherheit gegenüber diesen zunächst fremden Personen.

Beispiel 3: Den Kirchenraum „besetzen"

Jeweils drei Konfirmandinnen und Konfirmanden hatten in einer Kleingruppe ein Gebet ausgewählt oder zum Teil eigene geschrieben und sich dazu passende Haltungen überlegt. Nun betraten wir die Kirche. Bei leiser Musik suchte sich jede Kleingruppe einen Ort im Kirchraum, der aus ihrer Sicht zum gewählten Gebet und der Haltung passte. Sie hinterließen an der jeweiligen

Stelle zur Markierung ihres Ortes einen Holzreif und eine Kerze. Gemeinsam wurden die Plätze der unterschiedlichen Gruppen besucht, einer aus der Gruppe entzündete die Kerze und sprach das Gebet, ein anderer führt die besondere Haltung vor und der dritte erklärte, was die Gruppe sich zu dieser Haltung überlegt hatte. Alle aus der Gesamtgruppe, die wollten, konnten die Haltung mit der jeweiligen Kleingruppe probieren. Die Haltungen und Orte waren dabei alles andere als üblich, so wurde das Drei-Meter-Kreuz der Kirche in einem Gebet umarmt, einer saß unter, ein anderer stand auf dem Altar.

Fast alle nutzten die „kuriose, kreative Freiheit" zu unkonventionellen Haltungen und Orten. Je nach Dreiergespann entwickelte sich eine ganz eigene Dynamik in der Kleingruppe und bei der Präsentation in der Gesamtgruppe.

In unserem Zusammenhang ist die Pointe bei dieser Übung nicht so sehr die kirchenpädagogische Methode, an Orte und Haltungen anzuknüpfen, sondern die Chance für die Jugendlichen, kreativ und vor allem unkonventionell in der Kirche Gebetshaltungen zu erproben. Auch hier wird mit Vertrautheit und bewusst Unvertrautem „gespielt". Es kommt zu sozialer Interaktion. Die Gruppe wird gestärkt.

Die Fremdheit gegenüber dem Kirchraum nimmt ab, indem nun einzelne Orte mit den Gebetsideen der eigenen und der anderen Kleingruppen assoziiert werden. Es entstehen personalisierte Assoziationen und damit Beziehungen zum Altar (wo Dirk gesessen hat), zum großen Kreuz (das Manfred umarmte) und so zum Gottesdienstraum insgesamt.

Beispiel 4: Probe-Sprechen

„Die Israeliten gingen zu den großen Festen nach Jerusalem, um dort zu feiern.", erzählte ich. „Die Wege waren lang. Jonas und Benjamin gingen zu Fuß. Je näher sie nach Jerusalem kamen, desto mehr Menschen trafen sie. Doch die Füße wurden müder und müder. Um sich bei Laune zu halten und sich auf den Besuch einzustimmen, begannen sie Psalmen zu sprechen und zu singen. Und auf einmal wurde der Weg viel leichter. Ich stelle mir vor, dass einer vorsprach und die anderen es wiederholten. Das probieren wir jetzt auch."

Aus dem Unterrichtsraum ging es nun hinaus vor die Kirche. Ein Konfirmand mit lauter Stimme und festem Tritt bekam einen Zettel. Er marschierte los auf dem Weg nach Jerusalem und skandierte, während die anderen ihm folgten und seine Worte wiederholten:

Aus Psalm 130

EINER: Áus der Tíefe rúfe ích. ALLE: Áus der Tíefe rúfe ích.
EINER: Höre méine Stímme! ALLE: Höre méine Stímme!
EINER: Déine Óhren mögen mérken … ALLE: Déine Óhren mögen mérken …
EINER: áuf die Stímme méines Fléhns! ALLE: áuf die Stímme méines Fléhns!

Aus Psalm 121

EINER: Ich hébe méine Áugen … ALLE: Ích hébe méine Áugen …
EINER: áuf zu hóhen Bérgen. ALLE: áuf zu hóhen Bérgen.
EINER: Wóher kómmt mir Hílfe? ALLE: Wóher kómmt mir Hílfe?

EINER: Méine Hílfe kómmt vom … ALLE: Méine Hílfe kómmt vom …
EINER: HÉRRN [der gánzen Wélt]. ALLE: HÉRRN [der gánzen Wélt].
EINER: Hímmel únd die Érde … ALLE: Hímmel únd die Érde …
EINER: sínd gemácht von íhm. ALLE: sínd gemácht von íhm.

EINER: Éhre séi dem Váter … ALLE: Éhre séi dem Váter …
EINER: Éhre séi dem Sóhn … ALLE: Éhre séi dem Sóhn …
EINER: Éhre séi dem héil'gen Géist! ALLE: Éhre séi dem héil'gen Géist!
EINER: Aaamén. ALLE; Aaamén

Zwischendurch wurde der Vorsprecher einmal gewechselt. Dann ging es bis zum Altar und nun skandierten einzelne eigene Worte. Sie reichten von „Keine Ahnung" – „Keine Ahnung" bis „Halleluja" – „Halleluja".

Verfremdung und Kongruenz liegen hier besonders auf der Hand. Das verfremdende Marschieren und Skandieren ist offensichtlich. Gleichzeitig ist es durch die Wallfahrtswege bei den israelitischen Psalmen und die traditionelle Eingangsprozession zum Introitus durchaus eine Form, die kongruent mit den überkommenen Gottesdienststrukturen ist. Auch die Wiederholungen mit Vorsprecher sind eine klassisch liturgische Gestalt, der sich die Jugendlichen hier auf diese Art annähern. „Liturgie zu spielen, liegt in der Natur der Sache."[8] Das gemeinsame Marschieren und Nachsprechen ist ein besonders starkes raumleibliches Erlebnis und vor allem ein Gruppenerlebnis – auf dem Weg nach Jerusalem.

Beispiel 5: Konfi-Mahl

Regelmäßig gab es alle zwei Monate Gottesdienste, die die Konfirmandinnen und Konfirmanden selbst mitgestaltet hatten. Danach folgte jeweils ein ausgiebiges Konfifrühstück.[9] Wir saßen hinten im Kirchraum zusammen und es wurde noch einmal in ganz anderer Atmosphäre über den Gottesdienst geredet – Reflexion war direkt angebunden an Erfahrung. Der kirchliche Raum ermöglichte andere Zwischentöne als der Unterrichtsraum mit seiner Lernatmosphäre. Die Form des vorbereiteten Sonntagsfrühstücks in der Kirche war etwas Ungewohntes – fremd und doch passend (vgl. schon die Mahlgottesdienste der ersten Christen). Hier entstand ein Freiraum zu ersten Äußerungen und Gesprächen.

An diesen Beispielen wird deutlich, dass das Thema „Gottesdienst" die gesamte Konfirmandenunterrichts-Zeit begleitet. Die

---

8   B. Husmann / Th. Klie (2005), S. 21.
9   Die Idee des Konfifrühstücks stammt von S.-O. Lütz; A. Quattlender: Erlebnisorientierte Konfirmandenarbeit. Konzeption und Gestaltung, Düsseldorf 1999, S. 43.

Form kreativer Verfremdung im Spiel mit Vertrautheit und Unvertrautheit lässt sich individuell und auch ganz anders inszenieren. In allen Beispielen kommen raum-leibliche Besonderheit, altersgerechte Nutzung der Tatkraft und des Könnens der Jugendlichen und vielfältige soziale Interaktion hinzu.

7 Erfahrung und Berechnung

Die Beispiele haben deutlich gemacht, wie sich in Lehr-Lern-Prozessen (a) das ambivalente Erleben von Vertrautheit, (b) die eigenen Ideen der Jugendlichen und (c) eine soziale Fokussierung spielerisch konstruktiv aufnehmen und verbinden lassen. Das Kernanliegen des Gottesdienstes – die Gottesfrage zu stellen – und das damit verschränkte Kernproblem vieler Jugendlicher – mit der Gottesfrage wenig anfangen zu können – sind bisher unreflektiert geblieben. Auf dieses Grundproblem gehen wir jetzt ein und hierzu kommen wiederum zuerst die Jugendlichen zu Wort.

7.1 Die offene Frage nach dem inhaltlichen Kern

Wie eingangs beschrieben, sprechen Dreizehn- bis Vierzehnjährige, wenn möglich, noch seltener über Religion als Jüngere. Laut Fowler kann man kaum von eigenen religiösen Positionierungen im Blick auf eine Gottesbeziehung reden. Dies spiegelt sich auch in den inhaltlichen Begründungen für die Bewertungen von Gottesdiensten als „gut" oder „langweilig": Allgemein gesagt wurden keine inhaltlichen Gründe für eine positive oder negative Bewertung eines Gottesdienst benannt (bis auf eine einzige Ausnahme). Da die charakteristischen Inhalte von Gottesdiensten immer auf die Gottesbeziehung ausgerichtet sind, diese Gottesbeziehung aber für die Diskussion der Jugendlichen kaum relevant ist, sind auch damit verbundene Inhalte offenbar kein Kriterium. Da die Konfis und Jugendliche allgemein sich also schwer tun, von Gott zu reden, kann das Fehlen einer Auseinandersetzung mit der Gottesbeziehung als „Normalzustand" betrachtet werden. Eine Gesprächspassage, unabhängig von ursächlichen Bedingungen, bringt diese Erfahrung in (vermutlich ironischer) Überspitzung zum Ausdruck. Hier ist zumindest etwas von dem „Vermissen" zu ahnen:[1]

Nele: Doch, ich schon. Ich hab früher immer zu Gott gebetet, wenn ich irgendwas gemacht habe oder so. Und
Micha: Was dann doch nicht so schlimm ist.
Nele: Oder irgendwie, dass irgend- wenn ich irgendwas am Tag vorhab oder so, dann hab ich immer gebetet irgendwie, dass das alles gut wird. Und bla, bla. Ja, ist so.
Micha: Wie süß.
Nele: Ja, (Lachen und Durcheinander)
Nele: Und dass ich nicht krank werde. Und wenn ich krank war, dass ich mich nicht übergeben muss. (Lachen der Gruppe)
Nele: So was hab ich gebetet. Bis ich dann zum (lachend) Konfer-Unterricht gekommen bin (Lachen der Gruppe)
Nele: Ja.
Micha: Ist ja auch gut. (lachend) (…) nicht mehr, oder wie?
Nele: Nee, nachm Konfer-Unterricht fang ich wieder (lachend) an.

Wieweit es sich hier „nur" um Ironie handelt, mag offen bleiben. Interessant ist für uns die Feststellung, dass (natürlich überspitzt) die Konfirmandenzeit als Lebensphase gesehen wird, in der Gebete, mithin die Gottesbeziehung, ausgespart wird. Es fällt darüber hinaus auf, dass es hier gar nicht primär um Gottesdienste geht. Auch dies ist, wie gesehen, charakteristisch. Gott und Gottesdienst bleiben in praktisch allen Gruppengesprächen unverbunden.

7.2   Gottesdienstbesuche nach der Konfi-Zeit?

Wenn es sich so verhält, dass der Kern von Gottesdienst für die meisten Jugendlichen – gemäß den Gesprächen und dem Ankreuzverhalten auf den Fragebögen – nicht relevant ist, stellt sich die Frage, ob denn überhaupt irgendetwas die Jugendlichen sinn-

---

1   HeT2, 426–443, mit Auslassung.

voll und sachgerecht zum Besuch von Gottesdiensten motivieren kann (eben nicht nur Bonbons). Ein Hinweis findet sich in der großen Bedeutung von Stimmung und Gemeinschaft. Aber ist dieser Punkt auch ausschlaggebend für die Motivation? An die Daten der Fragebögen lässt sich die Frage stellen, ob die soziale Komponente, die in den Gesprächen so wichtig ist, auch dafür sorgen kann, dass nach der Konfirmation noch Gottesdienste besucht werden.

Zur Klärung dieser Frage wurden die Fragebogendaten auf diesen Aspekt hin überprüft. Mit einem spezifischen statistischen Verfahren konnte errechnet werden, was die Motivationsbildung nach einem Jahr Konfirmandenunterricht beeinflusste.

Es stellte sich heraus, dass vier pädagogisch beeinflussbare Größen auf die Motivation für zukünftige Gottesdienstgänge einwirken. Dies waren nicht die Eltern und auch keine sorgfältig gegliederten Arbeitsblätter zum Gottesdienst, wie sich aus den Zahlen errechnen ließ. Dies mag der pädagogisch versierte Praktiker geahnt haben.

Doch auch ein Klassiker der Empfehlungen für die Konfirmandenarbeit, das häufige Mitwirken der Jugendlichen im Gottesdienst, übte hier keinen signifikanten Einfluss aus. Vielmehr spielte die vorgängige Erfahrung von Kindergottesdienst oder Kindergruppen eine Rolle. Zusätzlich war jedoch zum einen bedeutsam, ob die Jugendlichen beim Mitwirken im Gottesdienst oder allgemeiner beim Thema Gottesdienst den Eindruck hatten, dass sie eigene Ideen einbringen konnten; dieser Punkt korrespondiert mit der oben beschriebenen altersgemäßen „Tatkraft". Zwei weitere Punkte ragen noch über die Kindergottesdiensterfahrungen und das Einbringen eigener Ideen heraus, und zwar der Eindruck, ob Gottesdienste stimmungsvoll waren und ob sich die Jugendlichen in der Gruppe während des Gottesdienstes sicher fühlten. Diese vier und insbesondere die letzten beiden machen den entscheidenden Unterschied im Hinblick auf künftige Gottesdienstbesuche. Statistisch lassen sich mittels dieser vier Punkte 49 % der Zukunftsmotivation schätzungsweise vorhersagen. Diese 49 % ergeben selbstverständlich keine volle „Vorhersagbarkeit", sind aber angesichts aller weiteren denkbaren Einflussgrößen ein recht hoher Wert. Pädagogisch gewendet, heißt dies, dass gemeindliche Entscheidungen an nur vier Punkten die Hälfte der Motivation beeinflussen können.

Ähnlich lässt sich berechnen, wie es mit der Möglichkeit steht, die Motivation gegenüber den ersten Wochen innerhalb eines Jahres Konfirmandenarbeit zu steigern. In diesem Fall ist als besonderer Effekt zu berücksichtigen, dass eine sehr niedrige Motivation am Anfang eher zu einer hohen Steigerung führt, eine sehr hohe am Anfang aber nur noch gehalten werden muss, um zufrieden stellende Ergebnisse zu erhalten. Neben diesem Effekt ergeben sich wiederum vier pädagogische Größen, die einflussreich sind.

Zunächst fällt auf, dass sich die Kindergottesdiensterfahrung hier nicht mehr findet. Das liegt einfach daran, dass sie – nachvollziehbarerweise – auch schon in den ersten Wochen der Konfirmandenarbeit für eine höhere Motivation sorgt; daher hat sie mit der „Steigerung" im ersten Jahr nichts zu tun. Steigernd wirkt sich wieder die Möglichkeit aus, eigene Ideen einbringen zu können, aber in diesem Fall der Steigerung „hilft" auch in relativ geringem Maß die Häufigkeit des Mitwirkens im Gottesdienst. Am gewichtigsten sind wieder die Stimmung und die Gruppensicherheit. Je nachdem, wie die wahrgenommene Stimmung im Gottesdienst im ersten Jahr steigt oder sinkt, ist diese Veränderung auch eine Größe, die auf die Steigerung oder Absenkung der Motivation einwirkt. Die entsprechende Veränderung der Gruppensicherheit im ersten Jahr wirkt sich ebenso signifikant auf die Steigerung und / oder Absenkung der Motivation aus.

Man kann diese Berechnungen nun auch für das Wissen und die Bereitschaft, in der Zukunft im Gottesdienst mitzuwirken, durchführen und kommt zu dem Ergebnis, dass bei allen unterschiedlichen Einflussgrößen zwei pädagogisch beeinflussbare Aspekte in allen Fällen signifikant bleiben: Das eine ist die Gruppensicherheit und das andere die Möglichkeit, eigene Ideen einbringen zu können. Sie bestimmen als Einzige alle drei Werte: Motivation für die Zukunft, Wissen und Mitwirkungsbereitschaft.

Die Gemeinschaftserfahrung nach den Gesprächen und die Gruppensicherheit nach der Statistik sind also die bedeutsamsten Größen als Kriterien im Gesprächsverhalten und in Bezug auf die Motivation nach den Fragebögen.

In Kapitel 4.4 hatte sich die Frage gestellt, was die sieben überdurchschnittlichen Gemeinden für Gemeinsamkeiten haben und was sie von den sieben unterdurchschnittlichen unterscheidet. Stellt man zu den anderen Skalenwerten den Wert der durchschnittlichen gemeindlichen „Gruppensicherheit", fällt auf, dass die überdurchschnittlichen Gemeinden auch in dieser Beziehung überdurchschnittlich sind, während dies bei den unterdurchschnittlichen umgekehrt nicht der Fall ist. Damit haben wir eine Antwort gefunden, die diesen Unterschied zwischen den Gemeinden auch ursächlich erklären kann. Den überdurchschnittlichen gelingt bei all ihrer Unterschiedlichkeit, was den unterdurchschnittlichen nicht gelingt: dass die Jugendlichen sich im Gottesdienst in ihrer Gruppenbeziehung im Vergleich „sicher" fühlen.

7.3 Peer-Konstellationen

Dieses hohe Gewicht von Gemeinschaftserfahrungen entspricht dem Lebensalter: Die Jugendlichen befinden sich in einer Phase, in der die Gruppe der Gleichaltrigen (peers) ein wesentliches Gewicht gewinnt. Die Bereitschaft zum Gespräch mit den Eltern bei Schwierigkeiten und Problemen sinkt zwischen zwölf und sechzehn Jahren kontinuierlich.[2] Gleichzeitig steigt zwischen zwölf und dreizehn Jahren der entsprechende Austausch mit der Gemeinschaft gleichgeschlechtlicher Freunde. Zwischen dreizehn und vierzehn bekommen die peers auch bei persönlichen Problemen höhere Bedeutung als die Eltern. Das heißt: Conny sucht in Lebensfragen eher den Rat der Freundinnen als der Eltern.

---

2 H. Fend (1998), S. 267. Die Jugendlichen bleiben aber neben der relativen Abwendung von den Eltern bereit, sich erwachsene Vorbilder zu nehmen, J. Zinnecker / I. Behnken / S. Maschke / L. Stecher (2002), S. 147.

Kurz gesagt: Soziale Konstellationen und Fragen von Gruppenbeziehungen sind in dem Sinne ein „neuralgischer Punkt" dieses Alters,[3] dass sie erheblichen Einfluss auf die Jugendlichen und ihre Wertungen in Abgrenzung und Übernahme haben.[4] In der Interpretation dieser Entwicklung plädieren die Autoren einer repräsentativen Studie (Zinnecker/Behnken u.a.) für eine verstärkte „Peer-Pädagogik".[5]

7.4 Hintergründe der Motivationsforschung

In diesem Zusammenhang ist noch ein weiterer Bogen zu schlagen, der die pädagogische Motivationsforschung, aber auch die neurologische Frage nach „Interessen des Gehirns" aufnimmt.[6]

Im Rahmen der Self-Determination-Theorie wurden von Deci und Ryan (2000) drei psychologische Basispunkte identifiziert, die für die Bildung intrinsischer Motivation und das Wohlbefinden und damit auch für Lernprozesse wesentlich sind:[7] (1) Möglichkeiten zur Eigenständigkeit (Autonomie), (2) Erfahrung eigener Kompetenz, (3) soziale Beziehungen.

„Kompetenz" und die Erfahrung von „Autonomie", entsprechen dem, was wir „Einbringen eigener Ideen" in den Gottesdienst und „altersgemäßes, tatkräftiges Mitwirken" genannt haben.

---

3 So auch H. Fend: Es geht „in der sozialen Entwicklung des Heranwachsenden nicht nur darum dyadische Beziehungen zu anderen aufzubauen, sondern auch um den *Erwerb einer sozialen Stellung in einer Gruppe.* ... Der heranwachsende Mensch muß ... die Fähigkeit erwerben, *sich in der Gruppe zu bewegen.*" H. Fend (1998), S. 244.
4 Vgl. z.B. H. Fend (1998), S. 271 (aber auch ambivalent erlebt werden können).
5 J. Zinnecker/I. Behnken/S. Maschke/L. Stecher (2002), S. 147.
6 J. Bauer (2012), S. 48.
7 R.M. Ryan/E-L. Deci (2000), „Self-Determination Theory and the Facilitation of Intrinsic Motivation, Social Development, and Well-Being", American Psychologist Vol. 55 1/2000, S. 68–78, S. 68. Aufgenommen z.B. in A. Krapp (2002), S. 402f; vgl. auch S. Hidi/Renninger (2006), S. 119.

Ebenso entscheidend ist für uns aber der letzte Ansatzpunkt: Ryan und Deci halten fest, dass intrinsische Motivation in Kontexten gedeiht, die ein Gefühl von Sicherheit und stimmiger Beziehung vermitteln, „a sense of security and relatedness" (ein Gefühl von Sicherheit und sozialem Eingebundensein).[8] Als Beispiel beziehen sie sich unter anderem auf Studien mit Kindern: Bei diesen führt die mangelnde Zuwendung einer erwachsenen Aufsicht trotz interessanter Aufgabe zu einem vergleichsweise geringen Maß an Motivation.

Der Freiburger Mediziner Joachim Bauer hat mit entsprechenden Überlegungen weitere Ergebnisse der neurobiologischen Motivationsforschung mit Forschungsergebnissen unter anderem aus der Spieltheorie und der experimentellen Neuroökonomie verbunden und kommt (auch für Erwachsene) zu dem Schluss: „Kern aller Motivation ist es, zwischenmenschliche Anerkennung, Wertschätzung, Zuwendung oder Zuneigung zu finden und zu geben. Wir sind – aus neurobiologischer Sicht – auf soziale Resonanz und Kooperation angelegte Wesen."[9] Negativ ausgedrückt, könne man davon reden, dass die Motivationssysteme abschalten, wenn keine Chance auf soziale Zuwendung bestehe.[10]

Neurobiologischer Hintergrund ist die Entdeckung der entsprechenden im Mittelhirn lokalisierten Motivationssysteme. Von ihnen können Botenstoffe ausgehen, die zu „angenehmen Empfindungen führen."[11] Mittels Kernspintomographie konnte erforscht werden, was diese Systeme aktiviert. „Zur Überraschung vieler zeigte sich, dass die Möglichkeit, anderen Schaden zuzufügen, aus Sicht der Motivationssysteme kein ‚lohnendes', d. h. kein von der Freisetzung von Glücksbotenstoffen gefolgtes Verhalten ist. ... ‚Lohnend' aus Sicht des Gehirns ist es dagegen, Ver-

---

8   R. M. Ryan / E-L. Deci (2000), S. 71.
9   J. Bauer (2010[4]), S. 36.
10 J. Bauer (2010[4]), S. 37.
11 J. Bauer (2012), S. 48.

trauen, soziale Wertschätzung und Kooperationsbereitschaft zu erleben."[12]

Kurz gesagt lässt sich festhalten, dass Sozialbeziehung und Motivation aufs Engste verknüpft sind. Bauer empfiehlt: „Wer Menschen nachhaltig motivieren will, dies ist die unabweisbare Konsequenz aus den dargestellten neurobiologischen Daten, muss ihnen die Möglichkeit geben, mit anderen zu kooperieren und Beziehungen zu gestalten. ..."[13] „Im Gegensatz zu Erwachsenen, bei denen diese Zusammenhänge manchmal kaum noch wahrgenommen werden, ist die Abhängigkeit der Motivation von Bezugspersonen bei Kindern und Jugendlichen noch relativ unverstellt und daher leichter zu erkennen."[14]

7.5   Die Erzählungen der Jugendlichen

Wie steht es neben der Motivation durch Beziehungen nun mit der inhaltlichen Seite des Gottesdienstes, die Conny und ihre Freunde in Gesprächen (fast) nie ansprechen und die nach den Angaben auf den Fragebögen im Gottesdienst eher nicht erinnert wird. Lässt sich davon doch etwas „weitergeben"?

Die Begründungsmuster für das Ausblenden der Inhalte haben wir im Ohr: Langeweile, Fremdheit, vermeintliche Irrelevanz. Nun kommen wir zu der Frage, wie durch kleine Erzählungen von Begebenheiten auch mit Inhaltlichem zumindest beiläufig umgegangen wird. Es lässt sich zeigen, dass Inhaltliches mit einfließt, sofern es sich mit einem sozialen Akzent verbindet.

Damit wird deutlich, auf welche Weise die Jugendlichen, auch wenn sie an religiösen Fragen und an einer persönlichen Gottesbeziehung kaum interessiert scheinen, Zugang zu Inhalten des

---

12 J. Bauer (2012), S. 48.
13 J. Bauer (2010[4]), S. 63, dabei sorge „Dopamin ... für Konzentration und mentale Energie, die wir zum Handeln benötigen."
14 J. Bauer (2010[4]), S. 39.

Gottesdienstes bekommen. Beziehungserfahrungen haben stets auch eine inhaltliche Komponente. In den Beziehungserfahrungen, die Jugendliche machen, erfahren sie, optimistisch gesprochen, auch etwas von Gott.

Als Beispiel beginnen wir mit etwas sehr Schlichtem und Einfachem. Für Konfirmandinnen und Konfirmanden hat das Essen als sinnlich-leibliches Erleben eine hohe Bedeutung; erinnert sei an die „Bonbons". In Erzählungen über das Essen geht es neben der Nahrungsaufnahme und Genuss auch immer wieder um das damit verbundene Gruppenerleben. Von Essensgemeinschaften wird vor allem in Zusammenhang mit Kindergottesdiensten berichtet. Ich hatte einen Ausschnitt der Passage oben schon aufgenommen und ergänze ihn nun:[15]

Ja, das ist lockerer. Die backen da auch mal was so. – Ja, die haben da immer Kekse, Kuchen. – … Und dann wurde der Kuchen immer so rumgegeben und so. – Kuchen. – … das war Brot … Und irgendwer hat sich das son bisschen reingestopft. – Ich hab mir nur ein Stück genommen … Das hat aber gut geschmeckt … das war cool. Da ist er selber gebacken … Und da waren viele Kinder. Und die haben dann auch das Backen auch so=so (trainiert) so. – Die kleinen Kinder haben immer mitgebacken … die haben da alles selber gebacken fast.

Kekse, Kuchen und Brot auf der einen Seite und die zugehörige Interaktion von Mit- und Selbst-Backen, Herumgeben und „in sich Reinstopfen" Einzelner auf der anderen Seite charakterisieren das Erleben. Eigens wird noch einmal betont: „Da waren viele Kinder." Das gemeinschaftliche Geschehen steht im Mittelpunkt der Erzählung. Gottesdienst wird mit „Mahlgemeinschaft" assoziiert und es sind positive Assoziationen, die diese Erinnerung auslöst. Dies ist an sich schon ein Lernerfolg. Dazu passt – und mag Mut machen –, dass dieselbe Gruppe, deren Erzählung hier protokolliert ist, die biblische Geschichte der Speisung der 5000 in Grundzügen wiedergeben konnte!

---

15   HeT2, 426–443, mit Auslassung.

Ein zweites Beispiel nimmt den Aspekt des Mitgestaltens auf, den wir als motivationsfördernd kennengelernt haben:[16]

Interviewer: Habt ihr mal, ein bisschen klang das schon an bei dir, selbst mitgeholfen, mitgemacht bei eurem Gottesdienst oder andere erlebt im …
Leo: Ja, Theaterspiel.
Interviewer: (Dann) erzählt (doch mal).
Klaus: Ja.
Leo: Theater haben wir mal in der Kirche aufgeführt.
Klaus: Ja.
Leo: Vor den Kindern.
Nico: Genau, da war ich auch mit bei, da mussten wir (vorsingen).
Klaus: Da mussten da waren zum Beispiel welche die Piraten und da muss da musste den Leuten ja, das war son Stück, da waren dann welche Piraten …
Jo: Ach ja.
Klaus: Äh und dann, ach, wollten die die Leute was stehlen, also ähm, ihre …
Leo: Ach so, ja.
Klaus: Und denn hat der Nikolaus der da noch ganz hochgepregt wurde, hat gesagt: Nehmt (.) nehmt mein Gold, nehmt äh und nehmt nicht das …
Jo: Ich war so ein Typ (in der Menge).
Klaus: … wenige Geld von den armen Leuten und ja, und dann (.) sind sie wieder abgehauen. (lachend)
??: (hustet)
Jo: Da war ich sone Nebenrolle, hab nix gesagt.
Klaus: Doch, du warst Pirat.
Jo: Ha?
Klaus: Du warst ein Pirat.
Jo: Ich war ein Pirat? Nee, ich war doch n Bürger in der Menschenmenge, hab doch gar nix gesagt, ich stand doch da nur.
Klaus: Ach ja, stimmt (leises Lachen).

Erstaunlich gut fließen hier neben dem Gespräch zu Rollen Inhalte zur Heiligenlegende des Nikolaus ein. Auch wenn es für die Jugendlichen eher um die Frage geht, wer was gespielt hat, scheint

---

16 W3T1. 458–485.

die Erzählung des heiligen Nikolaus mit den Piraten vor der Stadt in Grundzügen auf. Die Rollenfrage aktiviert inhaltliche Erinnerungen gleich mit.

Sowohl bei Mädchen als auch bei Jungen werden schließlich auch atmosphärisch-emotionale Momente in einer Gemeinschaft narrativ entfaltet, die Eindruck hinterlassen haben.[17]

Anneli: Ich war mal mit Behinderten in der Kirche.
Cw: Und wie wars?
??: …
Anneli: Na ja, eigentlich war's ganz witzig. (Lachen) Ja, hallo? Das=die haben da alle voll mitgemacht. Irgend-
Benita: Das ist voll (schön). (…) Behinderte (…)
Anneli: Der eine hat dann immer mit der Glocke geklingelt irgendwie so. (Leises Lachen)
Benita: Aber, keine Ahnung, irgendwas haben die auf jeden Fall da gemacht. (2) Und der Pastor …
??: …
Benita: Und (.) nee, das war, glaub ich, (.) irgendwer. Der Pastor, glaub ich. Hat dann irgendwie mit denen da so geredet. (2) …
Anneli: Die haben sich auch alle voll gefreut immer. Hinter mir saß so einer, son kleiner. ( ) da hab ich mich einmal umgedreht, da hat der mich angefasst, hat sich voll gefreut.
Mehrere lachen.
Anneli: Ja, (siehe) meine Schwester.
Benita: Voll süß. (.) Ja, so was find ich toll.
Anneli: Ja. (4)

Es bleibt in dieser Erinnerung offen, um welche Bibelstellen, oder welches Thema es in diesem Gottesdienst ging, und doch hat das Geschehen aufgrund des Gemeinschaftserlebens nachhaltig gewirkt. Gelernt wurde auch (wiederum nicht unbedingt begrifflich und doch dem Kern nach): In Kirche und Gottesdienste kann mit Behinderten in guter Gemeinschaft und gemeinsamer Interaktion gefeiert werden.

Wir können zusammenfassen: Erzählt wird, was die Jugendlichen langfristig beeindruckt hat; dies waren und sind Rollen-

---

17 HelT2, 267–279; 307–313.

fragen bei einer Aufführung, die Stimmung eines Gottesdienstes mit Behinderten, das gemeinsame Essen im Kindergottesdienst. Schon die hier geschilderten Assoziationen im Zusammenhang mit Gottesdienst sind erste Lernerfolge. Nach dem bisher Gesagten dürfte die Erwartung an begrifflich vermittelte Inhalte nicht allzu hoch sein, doch immerhin kann man feststellen, dass zum Beispiel in den Erzählungen (die in vielen Gesprächen eher nebenbei vorkommen) Inhalte transportiert werden: Auch wenn die Rollenfrage wichtiger sind, können die Jugendlichen doch vom heiligen Nikolaus und den Piraten in Grundzügen erzählen. Im Anschluss an die Passage zum Essen im Kindergottesdienst konnten die Gesprächsteilnehmer auch eine Speisungsgeschichte Jesu aufnehmen. Ein christlich wertschätzender Respekt gegenüber Menschen mit Behinderungen spiegelt sich auch in der guten Stimmung bei einem gemeinsamen Gottesdienst. All diese „nebenher" laufenden Inhalte sind bei den Jungen und Mädchen kein begrifflich fassbares Kriterium, um Gottesdienste zu beurteilen, und doch spiegeln die „begleitenden" Inhalte auch ein inhaltliches Verstehen.

Als ein eigener Aspekt sind in diesem Zusammenhang noch die Verbesserungsvorschläge zu nennen, die in einigen herausragenden Gruppen formuliert wurde. Auffällig ist hier, dass wiederum nicht inhaltliche Fragen im Mittelpunkt stehen, sondern vor allem Soziales und Organisatorisches. Im folgenden Beispiel wird das diakonisch-partnerschaftliche Engagement der Gemeinde ins Spiel gebracht:[18]

Kira: Und ich finde, dass vielleicht (.) mehr (.) Besonderheiten, zum Beispiel, dass mal wer eingeladen wird. ...
Nikki: Oder auch wie (4) die Nachbarin von meiner Oma, die reist immer nach (2) wo ist denn das? Indien? (2)
Lea: Indien (…) oder so.
Kira: Mit diesen Kindern, unsere Partnerschaft oder was das ist. Und ähm wenn die dann mal zum Beispiel mal kommen könnten und berichten könnten. Nicht nur in die Schu- in die Grundschule in die Klassen

---

18   R3T1, 470–487.

und erzählen, sondern vielleicht auch mal in die (.) in die Gottesdienste oder so.

Lea: Ja, würd ich auch sagen.

Kira: Weil wir haben (.) wir haben ja auch, also (.) die=unsere Gemeinde hat ja auch Patenkinder in Äthiopien, oder?

Nikki: Ja.

Dan: Ja.

Lea: Ja. (4)

Kenntnisse über die Partnerschaft, die aus der Schule, aber nach Auskunft der Pastorin auch aus der Kindergottesdienstarbeit stammen, beziehen den weltweiten Kontext ein. Ob die dabei nun nach Indien oder Äthiopien geknüpft wurden (Indien „oder so"; „Äthiopien, oder?"), ist nicht so wichtig, zunächst geht es um das Einladen und das Erzählen der Besucher als solches, also um die Beziehung. Welche Inhalte angesprochen werden sollen, wenn von „berichten" und „erzählen" die Rede ist, fehlt in den Sätzen. Es bleibt bei Andeutungen: „diesen Kindern",„Partnerschaft oder was das ist". Vergleichsweise konkreter ist „die Nachbarin meiner Oma, die reist …" Und doch vermittelt sich auch bei aller sozialer Organisation, dass Kirche ein Ort für Partnerschaftsprojekte ist. Kirche und Gottesdienst haben einen weltumspannenden Horizont.

Die Erwartung, dass sich Jugendliche in einem freien Gespräch zum Gottesdienst auch zu konkreten, begrifflich benennbaren Predigtthemen, Gebets- oder Liedinhalten äußern, dürfte (bis auf Ausnahmefälle) enttäuscht werden. Das heißt aber nicht zwangsläufig, dass Inhaltliches ganz an den Konfirmandinnen und Konfirmanden vorbeigeht. Durch den Zugang über soziale Fragen und Erfahrungen und über die Wahrnehmung von Stimmungen werden auch Inhalte transportiert, die dem jeweiligen Gottesdienst oder gottesdienstlichen Elementen zu Grunde liegen. Das Lernen findet hier anders statt als die reflexive Wiedergabe von Wissen. Gelernt werden die beschriebenen Inhalte oft „einfach so", weil sie sich mit dem (eigentlich) für die Jugend Relevanten der Beziehungen und Stimmungen verbanden.

8 Besondere Rollen und Methoden

8.1 Die besonderen Gaben einzelner KU-Leiterinnen und -Leiter

Die bisherigen Befunde gelten nicht nur für einzelne Frage-
bogenwerte der Jugendlichen oder einzelne Gruppen mit Mädchen und Jungen, die zu Gesprächen bereit waren, sondern lassen sich auch auf die Gesamtsicht der Gemeinden übertragen.
Wir hatten schon oben gesehen, dass die überdurchschnittlichen
Gemeinden nicht nur in den affektiven, kognitiven und pragma-
tisch orientierten Teilbereichen, sondern vor allem im Blick auf
die „Gruppensicherheit" (als kausalem Hintergrund) überdurchschnittlich waren.

Ein Weiteres kommt hinzu: Wir könnten mit dem Zahlen-
material eine Vorhersage oder – vorsichtiger – eine Schätzung
für die Höhe der Motivationswerte durchführen, auch wenn wir
hierüber keine Aussagen, sondern nur vier pädagogische Werte
hätten: Aus den Daten zur Kindergottesdiensterfahrungen, zur
Möglichkeit, eigenen Ideen einzubringen, zur Stimmung und
zum Gemeinschaftsgefühl lässt sich schätzungsweise ausrech-
nen, wie hoch die Motivation für künftige Gottesdienstbesuche
in einer Gemeinde sein müsste. Je größer die Gemeinde ist, desto
genauer kann dieser Schätzwert ausfallen, da individuelle Besonderheiten weniger ins Gewicht fallen.

Dies haben wir probehalber durchgeführt. Interessant ist dies
vor allem wegen der Gemeinden, die relativ „falsch" eingeschätzt
wurden. In diesem Fall stellt sich nämlich die Frage nach anderen
Wirkgrößen, die in Sonderfällen stärker zum Tragen kommen.
Insbesondere zwei „Ausreißer" konnten wir genauer daraufhin
untersuchen, warum die Vorhersage vergleichsweise weniger prä-
zise war. Wir gehen dabei zunächst auf die Gruppe mit der
höchsten Unterschätzung ein:

Die gemeindliche Untersuchungsgruppe mit der Chiffre JuGostede-t[1] hat sehr motivierte Konfirmandinnen und Konfirmanden und die „viertbeste" intrinsische Motivation. Die Schätzung wurde diesem Sachverhalt jedoch nicht gerecht. Ihr errechneter Wert lag deutlich darunter.[2] Sie war also viel besser als schätzungsweise erwartet.

Beobachtet wurde in dieser Gruppe ein charismatischer Leiter, den wir hier anonymisieren und Wolfram nennen. Wolfram kann mit seinem Team die Jugendlichen bei seinen eigenen Abendandachten zu einer konzentrierten Teilnahme, zu Mitsingen und Mitbeten bewegen. Im Unterricht gibt es durchaus längere erklärende, um nicht zu sagen dozierende Passagen, aber er hat ein besonderes Feingefühl für die Jugendlichen. Am späten Abend gehen alle in die dunkle Kirche, gemeinsam im Kreis an den Händen gefasst entsteht eine eigene andächtige Atmosphäre. Hier ist es offenbar Wolframs Gabe, die besondere gottesdienstliche Erfahrungen ermöglichte. Diese Erfahrungen glichen in diesem besonderen Fall niedrige Abfragewerte bei „Kindergottesdiensterfahrung" und „Gelegenheiten zur Verwirklichung eigener Ideen" aus. Für übergreifende Überlegungen sind daher auch Begabungen der Leitung in Erwägung zu ziehen.

---

1 Hier lag der Schätzfehler bei 18,37 %. Die Gruppe mit der höchsten *Über*schätzung, mit einem Schätzfehler von 20,15 %, gehörte zu den anonymen Gemeinden und wurde daher nicht auf Details hin untersucht oder gar beobachtet. In dieser Gemeinde gab es durch Personalwechsel und Krankheiten erhebliche Verwerfungen.

2 Sie ist deshalb für uns besonders interessant, da sie sich erheblich von zwei anderen Untergruppen aus derselben Großgemeinde absetzt, die sowohl nach Schätzung wie tatsächlichem Wert eine sehr viel niedrigere Motivation aufweisen (Rangplatz 21 und 22). Ich habe die Untergruppen durch Buchstaben am Ende unterschieden: JuGostede-n, JuGostede-r und JuGostede-t. Sie alle gehören zu ein und derselben Gemeinde, und die Konfirmandinnen und Konfirmanden besuchten dort dieselben Haupt- und Jugendgottesdienste, hatten aber verschiedene betreuende Pastorinnen und Pastoren. An Wochenenden wurden in jeder Gruppe eigene, kleine Andachten gestaltet, auch hierbei kam es zu unterschiedlichen Erfahrungen.

Auch eine zweite Untersuchungseinheit lässt sich hier anschließen: Unter den Einheiten mit höheren Abweichungen befand sich auch eine Gemeinde, in der die Jugendlichen ministrantenähnliche Dienste verrichteten. Hier traf die Schätzung den tatsächlich angegebenen Wert ebenfalls gar nicht.[3]

In diesem Fall fiel bei den Hauptgottesdiensten die besondere Gabe von der Pastorin Hanna auf, für Junge und Alte fesselnde Geschichten zu erzählen. Durch die relativ kleine Gruppe von zwölf Jugendlichen entstand darüber hinaus in den Stunden eine sehr persönliche Beziehung zwischen Hanna und den einzelnen Jungen und Mädchen. Die Gabe des Erzählens sowie die besondere Gruppenkonstellation haben hier den Ausschlag gegeben.

Wir fassen zusammen: Wie sich aus dem gezielten Blick auf Gemeinden mit deutlicher Abweichung vom errechneten Schätzwert ergibt, können in besonderen Konstellationen Begabungen einer KU-Leiterin oder eines KU-Leiters zu erhöhten Ergebnissen bei der Motivation führen.

8.2 Zwei besondere Arrangements

Weiterführend ist der Blick auf Gemeinden, denen (gegen den Trend) eine Steigerung der gottesdienstlichen Gruppensicherheit schon im ersten Jahr gelingt und damit verbunden eine Steigerung der Motivation. Was ist die Ursache?

Das erste Beispiel ist eine Gemeinde mit einem KU4-Modell. In dieser Gemeinde findet eine Vielzahl unterschiedlicher Gottesdienste statt. Dazu gehört auch eine Thomasmesse namens „Zeitenstopp" mit sehr guter Bandmusik, an denen auch die Eltern der Jugendlichen teilnehmen – nach meinen Beobachtungen

---

3 Hier lag unsere Schätzung bei 1,6995; der tatsächliche Gemeindemittelwert lag aber bei 1,96 (Differenz von 0,26, vierthöchste Unterschätzung). „Kindgerechte Angebote" und „Ideen einbringen können" liegen hier in der Nähe des allgemeinen Durchschnittswertes; Stimmung und Gruppensicherheit liegen deutlich darüber.

mit Begeisterung. Während die Band spielt, klatschen die Eltern mit. Die Begeisterung der Eltern beeindruckt auch die Jugendlichen. Aufgrund dieser Beobachtungen spricht viel dafür, dass ein Arrangement, das auch die Eltern interessiert, die Stimmung oder die Gruppensicherheit bei den Jugendlichen steigern und damit die Motivation erhöhen kann. Dies bedarf als Einzelfall allerdings sicher eines genaueren Blicks. Wir werden auf diesen Fall später noch einmal eingehen.

Bei einer weiteren Gemeinde mit einem ähnlich auffälligen Ergebnis lässt sich die Verbindung mit einem religionspädagogischen Arrangement feststellen: Hier wird an vier Wochenenden und während einer kleinen Freizeit mit erlebnispädagogischen Methoden gearbeitet; es gibt gemeinsame Kanufahrten, man klettert auf Bäume, an denen Abschnitte des Credos hängen; an den Wochenenden wird jeweils ein Sonntagsgottesdienst vorbereitet und gleichzeitig – ganz im Sinne des Begründers der Erlebnispädagogik K. Hahn – die Gruppenkohäsion gestärkt. Inhaltliche Vorbereitung und Outdoor-Erlebnis gehen Hand in Hand. Nach der Vorbereitung und dem erlebten Gottesdienst kann eine Jugendliche dem Verfasser sagen: „Man fühlt sich dann mit dem Thema verbunden und gehört dann zu den Experten!"[4] Offenbar trägt in diesem Fall das Erlebnis-Arrangement in mehrfacher Hinsicht Früchte, so dass sich durch intensive Gruppenarbeit und inhaltliche Vorbereitung sowohl die Gruppensicherheit als auch die Motivationsprognose in Bezug auf Gottesdienste steigert.

8.3   Gaben und Vorbilder

Drei unterstützende Faktoren in Bezug auf die Gruppensicherheit und Motivation konnten wir beobachten: In zwei Fällen war dies die besondere Begabung der Leitung. Den Leitenden gelang

---

4 Mitschnitt informelles Gespräch; nach dem Gottesdienst; auf die Bitte, etwas zum Gottesdienst zu sagen.

es, durch ihre Person, ein besonderes Beziehungs- und Stimmungserleben zu vermitteln. Darüber hinaus haben wir zur Steigerung der Motivation zwei weitere Richtungen identifiziert: zum einen eine engagierte Gottesdienstgemeinde mit beteiligten Eltern, im anderen Fall ein erlebnispädagogischer Ansatz.

Gemeindesituation und Gaben der Leitung sind von Fall zu Fall sehr unterschiedliche Größen. Wichtig ist zu prüfen, wie unter den jeweils gegebenen Umständen eine gottesdienstliche Stimmung und Gruppenerfahrungen so initiiert werden können, dass sie das Gemeinschaftserleben der Konfirmandinnen und Konfirmanden im Zusammenhang mit dem Gottesdienst stärken.

9 Die Realität bleibt kompliziert – Beobachtungen

Die Realität ist oftmals komplexer als Skizzen und Positionen aus Gesprächspassagen. Wie sieht es konkret vor Ort aus, z. B. mit Bandmusik, Teamern und Raumgestaltung im Vergleich mit Gemeinschaftserfahrungen und Beziehungen? Die folgenden Beobachtungen können einige Chancen und Probleme der Praxis deutlicher machen und zugleich einen Hinweis für den möglichen Umgang mit der weiterhin offenen Frage des Spirituellen geben.

9.1 Jugendgemäße Bandmusik

In Gesprächen mit Gemeindeleiterinnen und -leitern wird jugendgemäße Musik, zum Beispiel mit einer Band, immer wieder empfohlen. Anhand der folgenden Beispiele wird deutlich, was sich mit solchen musikalischen Angeboten verbinden kann.

JuGostede: Zum Jugendgottesdienst um 12.00 Uhr sind fünfzig Teilnehmerinnen und Teilnehmer gekommen – ausschließlich Konfirmandinnen und Konfirmanden. Eltern oder ältere Jugendliche, die nicht zur Vorbereitungsgruppe gehören, sind nicht darunter. Die Teamer sind zwischen 16 und 18 Jahre alt, die Band und die Pastorin haben sich ausgiebig vorbereitet. Die neue Band spielt – gemessen an ihrer jugendlichen Besetzung – ausgesprochen gut moderne Kirchenlieder (z. B. „Da wohnt ein Sehnen tief in uns ...“). Die Teamer haben ein kleines Anspiel vorbereitet. Es geht um das Reden miteinander und mit Gott. Sie führen es bis auf anfängliche Moderation und leichte Direktion durch die Pastorin allein durch. Die Pastorin hält die Predigt, sie ist vielleicht ein wenig belehrend, aber insgesamt entsteht eine angenehme Mischung im vorbereiteten Ablauf. Doch das ist nur die eine Seite. Ich beobachte: Es singt kein Jugendlicher mit, selbst die Teamer – bis auf einen – bleiben stumm, auch das Vaterunser und das Glaubensbekenntnis werden nicht mitgesprochen. Die meisten Konfirmandinnen und Konfirmanden sind aufmerksam, aber nicht mehr als das. Bei den Liedern springt der Rhythmus nicht auf die Jugendlichen über, einige Jungen gucken interessiert, einige Mädchen kommunizieren mit Blicken.

Alles in allem bleiben Konfirmandinnen und Konfirmanden auf Distanz, und das trotz der Jugendlichen aus dem Vorbereitungsteam und trotz der guten Band. Sie sind da, sie bilden die Gemeinde, und doch gehören sie nicht richtig dazu. Die schöne Musik hallt durch den weiten Resonanzraum der gotischen Kirche, aber bei den TeilnehmerInnen entsteht keine Resonanz, die sich im Mitsummen oder in der Musik entsprechenden Bewegungen äußern würde. Sie sind Zuschauer mit Teilnahmepflicht.

Während des letzten Liedes überlege ich, was hier fehlt: Obwohl fünfzig Dreizehn- und Vierzehn-Jährige anwesend sind, fehlt hier eine tragende Gruppe – ein paar Jugendliche, die bei der Musik mitgehen, die mitsingen, deutlich das Credo mitsprechen und die anderen so einstimmen und mitnehmen. Ich frage im Anschluss einen Jugendlichen, wie es war. „War ok", sagt er.

Ortswechsel: Der Gottesdienst im Stil der Thomasmesse findet am Sonntagabend in der Kirche statt. Etwa 120 Menschen sind gekommen, darunter gut 30 Konfirmandinnen und Konfirmanden. Die meisten Jugendlichen sitzen etwas an der Seite mit Blick auf den Rest der Gemeinde, andere sitzen offenbar neben Eltern und Geschwistern. Stimmungsvoll werden von der achtköpfigen Band aus Erwachsenen moderne christliche Lieder ebenso gespielt wie Lieder der „Wise Guys" und von „Rosenstolz". Der Gottesdienst beginnt mit mehreren Impulsdialogen des erwachsenen Mitarbeiterteams. Die vielen Erwachsenen (die meisten im Alter der Eltern der Konfis) tragen den Gottesdienst durch aktives Singen. Ich spüre, diesen ca. 80 „mittelalten" Erwachsenen macht es Spaß, und diese Stimmung vermittelt sich auch mir – und auch den Jugendlichen: Es singen sogar einige mit, andere bewegen sich leicht im Rhythmus, bei den Liedern gibt es keine Unterhaltung mit den Nachbarn.

Im zweiten Teil können die Gottesdienstbesucher Angebote wahrnehmen, wie z. B. eine persönliche Segnung, das Ablegen eines Steins oder einer Blume auf einem Altar verbunden mit einem Gebet, das Schreiben eines Gebets für die Fürbitten oder die Teilnahme am Abendmahl.

Bemerkenswert ist für mich neben der Stimmung der Erwachsenen, die sich auf die Jugendlichen überträgt, noch ein Weiteres: Die Jungen und Mädchen dürfen offenbar während der moderierten Einlagen leise reden, ohne dass es Probleme gibt.

Alle Jugendlichen nehmen später freiwillig am Wandelabendmahl teil, neben einer Reihe von Mädchen lassen sich auch zwei Jungen persönlich in einer Nische segnen, eine Konfirmandin erklärt ihrer kleinen Schwester, wie sie am Seitenaltar beten und eine Blume ablegen kann. Die ungezwungene Atmosphäre und die praktische Betätigung tun den Jugendlichen offensichtlich gut. Auf Anfrage sagt ein Junge im Anschluss: „Sonst ist die Band noch besser." Gerade die eher negative Aussage zeigt mir, dass diesem Jungen etwas an dieser Band liegt.

Mit einer Handvoll Mitarbeiterinnen und Mitarbeitern und einer Band regelmäßig Gottesdienst vorzubereiten, wie es in beiden Gemeinden geschieht, ist das eine – ob sich dazu eine die Stimmung tragende Gottesdienstgemeinde bildet, ist das andere. Auch der besten Band und dem besten Gottesdienst hilft ein Grundstock an „Sympathisanten", die von Anfang an bei der Sache sind. Das ist im zweiten Fall zwar die Generation der Eltern, aber das tut der Stimmung auch bei den Jugendlichen keinen Abbruch. Die Elterngeneration stellt die Mitglieder der Band, sie trägt als Gemeinde die Atmosphäre. Und dies wirkt auf die Jugendlichen.

Wie wir in den Gesprächsanalysen gesehen haben, begründen die Jugendlichen positive Beurteilungen durchaus mit dem Erleben verwandtschaftlicher Gemeinschaft in einem Gottesdienst („Hochzeiten oder Konfirmation oder so, das find ich einfach ganz schön, weil man auch mit der Familie da sitzt."[1]). In den Gesprächen bezog sich dies besonders auf Kasualien, hier lassen die Beobachtungen die Schlussfolgerung zu, dass dies auch für den beschriebenen Band-Gottesdienst gilt. Die Beziehung zu diesen „Trägern" des Gottesdienstes schafft auch bei der Thomasmesse mit den Eltern (und auch mit Freunden der Eltern) für die Jugendlichen eine Beziehung zum Geschehen. Sie werden durch diese anderen, die ihnen nahe sind, „eingestimmt".

In JuGostede, dem ersten dargestellten Beispiel, fehlt solch eine tragende Gruppe. Zwar sitzen fünfzig Jugendliche im Raum, aber die Stimmung springt nicht von der Band auf die Jungen und Mädchen über. Die Teamer tragen nicht zur Atmosphäre bei. Sie singen so wenig mit wie die Konfirmandinnen und Konfirmanden und scheinen auch das Credo nicht zu können; sie müssen hier und da noch von der Pastorin dirigiert werden. Bei den Konfirmandinnen und Konfirmanden ist etwas von der Verpflichtung spürbar, mit der sie anwesend sind; sie leisten etwas ab.

„Macht einfach viele Jugendgottesdienste", „Jugendgemäßes" sei entscheidend, so ist es zu hören und auch zu lesen, doch so einfach ist es offensichtlich nicht. Leichtere Zugangsmöglichkeiten für Jugendliche sind in beiden Fällen durch Band und Lieder zwar gegeben und die inhaltliche Gestaltung ist bei dem Jugendgottesdienst sogar noch „jugendgemäßer" als bei der Thomasmesse. Doch ausschlaggebend ist die Einstimmung durch eine Teilgruppe, die den Jugendlichen altersmäßig oder familiär nahe ist.

Dass die Beziehung unter den Anwesenden bei der Thomasmesse stimmt, wird unabhängig von den Familienkonstellationen auch daran sichtbar, dass die Jugendlichen leise reden dürfen. Sie sind hier auch mit ihrem Kommunikationsbedürfnis willkommen. Das heißt: Mit dieser Freiheit kann von der kompetenten und motivierten Elterngeneration der Funke auf die Jugendlichen überspringen.

---

1 HelT2,159–160.

Diese tragende Gruppe kann durch ihr gutes Verhältnis zum Gottesdienst die Jugendlichen „anstecken".[2] Fehlt eine tragende Gruppe, zu der eine stimmige Beziehung besteht, und fehlen Teilgruppen mit Kompetenz, können die besten Bandklänge kaum greifen und verhallen ohne Resonanz.

Dies kann auch an einer etwas traditionelleren Gottesdienstform deutlich werden: Der erste Sonntagsgottesdienst in einer anderen Gemeinde, den ich besuche, findet abends statt. Der Raum ist angenehm ausgeleuchtet und das cremefarbene Gelb der Wände mit dem Weiß von Trägern und Fensterrahmen vermittelt eine ruhige Atmosphäre. Zwölf Jugendliche sitzen auf den Bänken der rechten Seite, die Erwachsenen hauptsächlich auf der linken Seite. Unter den zwanzig Erwachsenen sind sieben wegen eines Trauerfalls anwesend, bis auf drei (nach dem Dialekt zu urteilen) russlanddeutsche Senioren sind alle anderen Erwachsenen zwischen 40 und 55. Sie verteilen sich gleichmäßig im Kirchenschiff. Die Pastorin sagt später, dass Senioren hier kaum zum Gottesdienst kommen. Nach dem Eingangsteil ist besonders die Lesung zu Schlange, Apfel und Paradies musikalisch professionell ausgestaltet, indem die Pastorin vorträgt und dies von der Orgel stimmungsvoll untermalt wird. Die Lieder wechseln zwischen modern und traditionell. Die Predigt ist sehr abwechslungsreich gestaltet mit einem Lied von den Wise Guys, einem Bild von Loriot und dem dazugehörigen Dialog, der ansprechend durch die Pastorin vorgetragen wird. Die Konfirmandinnen und Konfirmanden werden mehrfach direkt angesprochen, sie wirken ruhig und zum Teil konzentriert. In der stillen Zeit nach den Fürbitten beginnen zwei Konfirmanden zu boxen, das legt sich aber wieder. Das ist die eine Seite. Die andere Seite sieht so aus:

Es fällt auf, dass im ganzen Gottesdienst nur die Pastorin durchgängig hörbar singt. Ab und an höre ich eine Frau rechts von mir, sonst kann ich trotz aufmerksamem Lauschen nieman-

---

2   Vgl. J. Bauers Hinweis auf die neurobiologisch wenig erforschten Möglichkeit „sozialer Resonanz".

den außer der Pastorin hören. Von den anderen Erwachsenen gibt es im ganzen Gottesdienst praktisch keinen Laut.

Bei den liturgischen Antworten und sämtlichen modernen wie traditionellen Liedern ist bestenfalls ein Wispern zu vernehmen. Selbst das Ablesen des Psalms im Wechsel gelingt nicht. Keiner spricht mit, bis es die Pastorin selbst tut. Die russlanddeutschen Seniorinnen vor mir kennen offensichtlich die Liturgie nicht und wissen auch nicht recht, wann sie aufstehen sollen. Eine Gemeinde, die mit etwas Routine den Gottesdienst mitträgt, ist nicht vorhanden. So bleibt am Ende des Gottesdienstes das Gefühl von Nichtfunktionieren zurück. Auch eine halbe Stunde nach dem Gottesdienst geht mir nicht aus dem Kopf, dass nicht einmal das Mitlesen des Psalms geklappt hat.

Nicht nur mir, sicherlich auch den Konfirmandinnen und Konfirmanden vermittelt sich in dem beschriebenen Fall, dass sich alle hier auf fremdem Terrain bewegen, dass sie nicht wirklich mitagieren können. Wenn aber alle Anwesenden Fremde sind, bleibt allen ein Gefühl von Inkompetenz. Von einer gemeinschaftlichen Beziehung zwischen Trauernden, russlanddeutschen Senioren und Jugendlichen kann nicht die Rede sein. Die Professionalität der musikalischen Inszenierung der Lesung und die Wise Guys können da nicht helfen.

Sowohl die zuvor geschilderten Erfahrungen mit den Band-Gottesdiensten als auch die negative Erfahrung mit dem Abendgottesdienst haben anschaulich gemacht, dass zunächst eine Gruppe von kompetenten und motivierten „Integrierten" wichtig ist. Eine gute Beziehung zu diesen Integrierten (Bekanntschaft und Verwandtschaft), in der die Jugendlichen (auch mit leisen Unterhaltungen) akzeptiert sind, lassen Stimmung auf die Jugendlichen überspringen.

Fazit: Die professionelle und auch aus der Sicht des Beobachters gut überlegte Gestaltung eines Gottesdienstes garantiert noch keinen Erfolg – dazu verhilft auch nicht unbedingt jugendgemäße Musik. In einer Gemeinde jedoch, in der eine tragende Gruppe mit Motivation und Kompetenz vorhanden ist, zu der die Jugendlichen eine gute Beziehung haben, kann diese „anstecken".

9.2 Teamer als Gestalter von Andachten

Das hier zunächst am Beispiel von Gottesdiensten mit Musik Verdeutlichte lässt sich ebenso bei Arrangements mit Teamern feststellen.

Zum Beispiel in einer Gemeinde, die wir Erlebnishausen nennen. Die kleine Jugendandacht während des Konfiwochenendes wird allein von den jugendlichen Mitarbeitern gestaltet, der Pastor hält sich im Hintergrund und hat in der viertletzten Reihe an der Seite Platz genommen. Die Jugendlichen kennen die Teamer von den beiden gemeinsam verbrachten Tagen. Zwei Teamer, etwa siebzehn und achtzehn Jahre alt, sitzen auf den Stufen vor dem Altar und „moderieren" die Andacht, ein weiterer vorn auf einem Sitzkissen spielt Gitarre. Die beiden Moderatoren wissen, was sie tun. Sie reden frei und singen mit dem Gitarrenspieler laut mit. Ganz kurz eilt zwischendurch der Pastor nach vorn und regelt etwas an einem Mikrophon, dann ist er wieder hinten. Es geht um Themen der Jugendlichen, frische, moderne Lieder werden gespielt, es wird gebetet. Der Gesang wird zwar eher von den zehn jungen Mitarbeitern mit ihren kräftigen Stimmen getragen, doch alle dreißig Konfis bewegen zumindest die Lippen, das Glaubensbekenntnis und das Vaterunser sprechen alle mit. Vor allem durch die Lieder und getragen von den Teamern entsteht eine angenehme „jugendandächtige" Stimmung. Ich erlebe, wie Jugendliche, die wissen, was sie tun, für Jugendliche Gottesdienst machen.

Das zweite Beispiel – aus einer Gemeinde mit dem Pseudonym Methodofeld: Auch hier haben die Teamer und Jugendlichen anderthalb Tage intensiv zusammengearbeitet. Etwas unsicher stehen die 14- und 15-jährigen Teamer an der Seite vor dem Altarraum, vor ihnen 40 Konfirmandinnen und Konfirmanden in den Bänken. Auf der obersten Stufe steht der Pastor und leitet die Andacht: Er ruft die erste Teamerin nach vorn, eng am Blatt liest sie einen Text vor, dann wird das nächste Mädchen aufgerufen. Das Lied des Pastors zur Gitarre wird vom Pastor mehrmals eingeübt, das andere können sie schon aus dem vorangehenden

Unterricht. Die Konfirmanden werden gegen Ende unruhig, der Pastor sagt ihnen, dass sie sich noch konzentrieren sollen. Nach Vaterunser und Segen ist die Andacht beendet.

Auch Atmosphärisches spielt in diesen beiden Beispielen eine Rolle, doch wird schnell deutlich, wo Ursachen für die Unterschiede liegen können: In Erlebnishausen sind es Jugendliche, die ihr eigenes Konzept durchführen. Der Pastor tritt nur als Assistent kurz auf. Die 17-, 18-jährigen Teamer wissen, was sie tun, und stehen mit ihrer Person dafür ein, während sie Andacht halten. Autonomie, Kompetenz und ein stimmiges Beziehungsgefüge unter den Teamern teilen sich auch den Jugendlichen mit.

Die 14- und 15-Jährigen der anderen Gruppe sind selbst erst vor einem halben Jahr konfirmiert worden. Entsprechend dem Gemeindekonzept bestehen die Teamer stets aus denjenigen des letzten Jahrgangs, die Interesse haben weiterzumachen, das sind erstaunlicherweise gut die Hälfte. Doch trotz der großen Zahl und dem prinzipiellen Interesse an Gemeinde haben sie in Bezug auf Andachten und Gottesdienste keine Selbstsicherheit und schon gar keine Routine. Dass diese kaum älteren Jugendlichen zu den Gottesdiensten kein persönliches Verhältnis aufgebaut haben, nehmen ich und sicherlich auch die Konfirmandinnen und Konfirmanden wahr; es ist für alle spürbar, dass die Teamer nicht hinter dem stehen, was sie tun. „Es ist nicht ihr Ding." Der Pastor dirigiert einige Stufen höher vom Altarraum. Es ist seine Andacht, die die Teamer gleichsam nachsprechen.

Wie beim Gottesdienst-Arrangement mit Band sind auch Arrangements mit Teamern als solche noch kein Mittel, um Jugendlichen Andachten nahezubringen. Erst wenn die Konfirmandinnen und Konfirmanden an diesen Jugendlichen, zu denen sie im hier praktizierten Wochenend-KU eine Beziehung aufgebaut haben, Motivation und Kompetenz beim Andachtgestalten erleben, ist ein Grundstein gelegt.

Fazit: Ryan und Deci stellten fest, dass Beziehung, Kompetenz und Autonomie das Entstehen intrinsischer Motivation erheblich bedingen. Unsere Beobachtungen legen nahe: In den geschilderten Situationen liegen die Kompetenz und zum Teil auch Autonomie bei Teilgruppen, die noch dazu älter sind (Eltern oder Teamer) und nicht bei den Konfirmandinnen und Konfirmanden. Doch Autonomie und Kompetenz anderer kann ausreichen, um die Jungen und Mädchen zu erreichen – vorausgesetzt, es bestehen zwischen beiden Gruppen gute Beziehungen.

9.3 Räumliche Gestaltung im Gottesdienst

Fall A

Der Gottesdienst findet in einer gotischen dreischiffigen Kirche statt. Vorn, weit entfernt liegt der Chorraum mit einem mittelalterlichen Altar, in den Seitenschiffen stehen Stellwände mit Werken aus Kindergottesdienst und Konfirmandenarbeit, über einer Seitentür prangt ein Regenbogen mit Fotos der neuen Konfirmandinnen und Konfirmanden. Die Jugendlichen sind hier präsent, denke ich. Zum Gottesdienst sitzen nun sechzehn Konfirmandinnen und Konfirmanden in den beiden ersten Bankreihen ganz vorn. Die vorwiegend älteren erwachsenen Besucher folgen mit gut acht Reihen Abstand dahinter. Der Pastor agiert weit vorn im großen Chorraum. Zur Predigt geht er zur Kanzel, die sich fast schon in der Mitte des Kirchenschiffs neben der siebten Bankreihe befindet. Bei seiner Ansprache ist er zu den Erwachsenen ab der achten Bankreihe gewandt. Die Konfirmandinnen und Konfirmanden befinden sich durch die Position der Kanzel und die Sprechrichtung des Pastors während der gesamten Predigt hinter ihm. Die Jugendlichen drehen sich ihrerseits zur Ansprache nicht um, sie würden auch nur den Rücken des Pastors sehen; sie schauen zum Chorraum, sofern sie überhaupt irgendwohin schauen. Pastor und Jugendliche wenden sich 15 Minuten lang den Rücken zu. Die Jungen und Mädchen sind von der visuellen Kommunikation abgeschnitten. Das bessert sich nicht beim Abendmahl. Offenbar sollen hier die Konfirmandinnen und Konfirmanden noch nicht teilnehmen. Sie bleiben sitzen. Sämtliche Erwachsene gehen nun nach vorn und bilden einen großen Kreis in dem Chorraum um den Altar. Weit vorn bilden sie eine Gemeinschaft. Die Jugendlichen haben diesmal Sichtkontakt, nämlich auf Rücken. Durch das räumliche Arrangement werden sie sowohl von der Predigt als auch beim Abendmahl ausgeschlossen. Ist der Raum auch noch so schön mit Werken der Jugendlichen im Seitenschiff geschmückt, er wirkt nicht, da im Mittelschiff die Kommunikation durch die Raumarrangements verhindert wird.

Fall B

In dieser Gemeinde komme ich schon etwas früher zum Jugendgottesdienst. Noch sind Teamer dabei zu dekorieren und die Technik zu klären. Der große Raum im Gemeindehaus wird dominiert von zwei imposanten Orten: der „Cocktailbar" mit großem Schirm, Leuchtgirlanden und jeder Menge Getränke auf der einen Seite und der Bühne mit großen Lautsprechern, schwingenden Bässen und allerhand Technik auf der anderen Seite. Auf der Achse zwischen diesen beiden Orten findet der Gottesdienst statt. Als die Techniker und Dekorateure fertig sind, sehen sie sehr zufrieden aus. Der Gottesdienst nimmt seinen Lauf. Im Anschluss gibt es die verschiedensten Fruchtcocktails mit ansprechenden Namen. Kleinigkeiten zum Essen werden im Nachbarraum ausgegeben, alles gegen einen kleinen Betrag. „Schön" ist das Arrangement in meinen Augen nur sehr begrenzt, aber jedem, der hereinkommt, wird sofort klar, dass der jugendliche Zugriff durch die Sinne, das Leibliche mit dröhnenden Bässen und Essen hier berücksichtigt wird.

Nur zwei Beispiele wurden aus einer Fülle von Möglichkeiten aufgenommen, um einerseits Fehlarrangements deutlich zu machen und gleichzeitig im Gegenüber dazu die Möglichkeit des unmittelbar sinnlichen, durch die Gestaltung der räumlichen Gegebenheiten hergestellten „Zugriffs" auf den Gottesdienst für Jugendliche zu beschreiben.

Im ersten Beispiel sind sich die Verantwortlichen sicherlich nicht bewusst, dass sie hier im negativen Sinne Beziehungsarbeit vollziehen oder drastischer: Beziehung sabotieren. Den Jugendlichen wird auf einer Ebene, die „gar nicht so gemeint" ist, wie der Pastor mir später auf Nachfrage sagt, vermittelt, dass sie von Hauptkomponenten gottesdienstlicher Beziehung raumleiblich ausgeschlossen sind, von Predigt und Abendmahl.

Im Jugendgottesdienst, Fall B, gibt es keine Scheu, Gottesdienstliches und das unmittelbare leibliche Wohl (auch im Gottesdienst) gut sichtbar miteinander zu verbinden. „Wie die ersten Christen", stellt der Pastor dazu fest. Dabei wird eine ganz neue Form von Gottesdienstkultur geschaffen, die biblisch ebenso begründet werden kann wie die sonst übliche Form. Jenseits von Geschmacksfragen wird hier beim Betreten schon die Botschaft vermittelt, dass es der Gemeinde um die Jugendlichen geht.

Fazit: Arrangements sind einerseits nicht das Entscheidende, haben aber andererseits durchaus eine Wirkung. Das wurde mir hier deutlich. Raumleibliche Zugriffsmöglichkeiten für die Jugendlichen können interpersonale Relationen befördern oder behindern. Sie tragen so auf ihre Weise zum Beziehungsgeschehen bei oder sind selbst Teil desselben.

9.4 Die aktivierende Inszenierung der Mitarbeit

Wie sieht es nun mit der Mitarbeit der Konfirmandinnen und Konfirmanden im Gottesdienst aus? In diesem Fall nehmen wir zwei positive Beispiele auf.

Beispiel A (unter Hinzuziehung von Audiomitschnitten)

Nach Orgelvorspiel und biblischem Votum begrüßt die Pastorin die Gemeinde: „Mit diesem biblischen Wort für die neue Woche aus Jesaja … möchte ich Sie und euch alle herzlich willkommen heißen zur Winterkirche in St. Lukas. Willkommen zum

Fest der Verklärung Christi, … Meine Hauptkonfirmandinnen und Hauptkonfirmanden – einige von euch sind da – wissen das schon, dass jedes Christusfest ein weißes Parament am Altar zur Folge hat. Heute also wieder Weiß – Jesus Christus im Mittelpunkt." Nach dem ersten Lied fährt sie fort: „Ich möchte Sie einladen, gemeinsam mit den Konfirmanden und mir den Psalm … im Wechsel zu sprechen, und deshalb bitte ich alle hier anwesenden Konfirmanden, zu mir zu kommen, zum Altar und vor dem Altar zu stehen. [Die Konfirmandinnen und Konfirmanden gehen nach vorn.] Wir haben das jetzt nicht lange geübt, liebe Gemeinde, ich habe die Konfirmanden aufgefischt vor dem Gottesdienst, weil ich mich gefreut habe, dass sie heute in so großer Zahl hier sind … Ihr seid da, und das ist schön. Wir beginnen …" Etwas leise, aber sehr klar verständlich sprechen die Jugendlichen nun den Psalm. Die Predigt beginnt mit einer Erinnerung an eine Freizeit der Konfirmandinnen und Konfirmanden. Bei den Abkündigungen heißt es explizit zur regelmäßigen Konfirmandenandacht und zum KU: „Die Termine der neuen Woche seien Ihnen nicht vorenthalten, zunächst den Vorkonfirmanden: Ihr trefft euch zu den ganz normalen Zeiten morgen mit xy. Und die Hauptkonfirmanden treffen sich am Dienstag mit mir. … Der Posaunenchor probt um 18.00 Uhr. Und ihr Vorkonfirmanden seid herzlich eingeladen am Mittwochabend um 19.00 Uhr zur Andacht oben im Schuppen in einem schönen, etwas anderen Raum. …

Nun möchte ich noch ein einladendes Wort zum Heiligen Abendmahl sagen: Liebe Konfirmandinnen und Konfirmanden, bei uns ist das ja so, dass wir auf der großen Freizeit kurz vor der Konfirmation gemeinsam Abendmahl feiern und dann das erste Mal in der Mitte der Gemeinde am Vorabend eurer Konfirmation. Und so möchte ich euch heute herzlich einladen, nicht einfach so auf den Stühlen sitzen zu bleiben, – dann wird das auch ein bisschen langweilig, das Abendmahl – sondern mit nach vorne zu kommen. Und ich möchte euch dann gern persönlich segnen." Die Jugendlichen folgen bis auf zwei darauf dieser Einladung und lassen sich persönlich durch Handauflegen segnen.

Beispiel B

Das schlaksige Mädchen am Kircheingang reicht mir lächelnd ein Gesangbuch und murmelt ein „Hallo". Als ich mich setze, geht sie zusammen mit einem anderen Konfirmanden und dem Pastor nach vorn in die erste Reihe. Der Gottesdienst beginnt und der Pastor heißt alle willkommen. Mit einem nicht nur liturgischen „Ihr" erreicht er Junge wie Alte. Nach dem Kyrie wendet er sich rechts dem Jungen zu. Dieser ist etwas pummelig und erinnert mit seiner gelb gefärbten, leicht hoch stehenden Haartracht an einen etwas gekürzten Irokesen. Als der Pastor nach vorn geht, kommt auch der Halbirokese und hebt sehr sorgfältig das Standmikrofon am Sockel auf und trägt es zum Lesepult.

Der Pastor verliest dort die Namen von Geburtstagskindern mit vollem und halbem Jahrzehnt „Hendrik, 5 Jahre, Ines, 10 Jahre, ..." – so geht es hoch bis 80. Dann tritt er einen Schritt beiseite und sagt: „Nun bis du dran, Anja." Das schlaksige Mädchen steht auf, geht nach vorn und zündet auf dem Altar die Geburtstagskerze für die zu Ehrenden an. Das noch brennende Streichholz in der Hand wendet sie sich um, sieht die Gemeinde an, lächelt verlegen und pustet das Streichholz aus. Dann geht sie zurück auf ihren Platz. Die Predigt folgt nach einem Lied und an ihrem Ende reicht der Pastor von der Kanzel herab dem Jungen die große Bibel, der diese würdevoll in Empfang nimmt und auf die erste Bank legt. Bei den Abkündigungen werden Vor- und Hauptkonfirmandenunterricht eigens erwähnt. Die Kollekte sammeln Kirchenvorsteher ein. Am Ende steht der Junge wieder auf, nimmt das Lektionar neben dem Pastor und legt es zurück auf das Lesepult. Nahe dem Ausgang hilft er später im Anschluss an den Gottesdienst beim Entzünden der kleinen Teelichter in einer Gebetsnische. Das Mädchen verabschiedet, zwei Schritte neben dem Pastor, jeden. Drei Schritte weiter steht der Fahnenmast, dessen Fahne sie vor dem Gottesdienst gehisst hat und nun gleich wieder einholen wird. Mit einfachsten Gesten und Worten sind die Jugendlichen so im Gottesdienst immer wieder für alle sichtbar und hörbar vorgekommen.

In beiden Beispielen sind die Gottesdienste durchflochten von konkreten Worten und Handlungen, die sich auf die Jugendlichen beziehen oder diese einbeziehen. In Beispiel A geht die Pastorin vor allem auf die Konfirmandinnen und Konfirmanden als Gruppe ein. Dies beginnt bei der Begrüßung, die durch ein „Sie und euch" explizit auch die Jüngeren mit einschließt. Bei der Erklärung zum Parament werden sie als die Wissenden herausgestellt („Meine Hauptkonfirmandinnen und Hauptkonfirmanden … wissen das schon"). Kaum drei Minuten vor dem Gottesdienst hat die Pastorin die Jungen und Mädchen kurz nach draußen gebeten, jetzt sprechen sie nicht eben laut, aber erstaunlich klar die eine Hälfte der Psalmsätze. Von der Pastorin sind sie eigens aufgefordert worden, zum Altar, also auf die Seite der Liturgin, zu kommen. Man merkt, dass sie dies auch schon andernorts getan haben; es ist nicht ganz ungewohnt. Das räumliche Herausstellen wird von einer verbalen Geste begleitet: „Ihr seid da und das ist schön." Mit der Erwähnung der Konfirmandinnen und Konfirmanden beginnt auch die Predigt und selbst in den Abkündigungen werden sie nicht nur mit dürren Worten genannt. Die Andacht, die in dieser oder anderer Form vierzehntägig stattfindet, wird ihnen besonders nahegelegt. Schließlich ergeht eine recht ausführliche und begründete (sonst werde es „ein bisschen langweilig") Aufforderung zur Segnung. Im Gegensatz zu anderen Gemeinden, wo ich eine ähnliche Aufforderung erlebt habe, gehen hier alle Konfirmanden, bis auf zwei, auf dieses Angebot ein und nehmen ohne Kichern oder Umstände die persönliche Segnung entgegen.

Die Konfirmanden bekommen hier mit ihren Kompetenzen als Gruppe eine eigene Stellung im Gottesdienst. Dies wird leibräumlich (Aufstellung im Altarraum), emotional („Ihr seid da, und das ist schön"), im Hinweis auf Kognitives („wissen das schon") und durch das Ritual persönlicher Segnung (die Einzelne aus der Gemeinde vielleicht auch gern hätten) deutlich. Orte und Worte qualifizieren dies dabei als wertschätzende Haltung („schön", schon „wissen"). Sie stehen gleich zwei Mal (verbal und räumlich) auf Seiten der Liturgin („meine" Hauptkonfirmanden;

Sprechen aus dem Altarraum). Es wird allen klar, dass sie liturgisch eine besondere Rolle haben und mit dem Psalmsprechen etwas Besonderes können. Die Wertschätzung der Gruppe ist unübersehbar und durchzieht fast alle Teile des Gottesdienstes.

In Beispiel B ist die Rolle deutlich anders und doch ebenfalls charakteristisch. Hier überwiegen zunächst Küsteraufgaben: das Hissen der Fahne, Verteilen der Gesangbücher, Umstellen des Mikrophons, Positionieren des Lektionars und Kerzenentzünden. Letzteres hat auch eine rituelle Funktion. Der Pastor tritt etwas beiseite und jetzt steht die Konfirmandin im Zentrum (was sie erst bei der Wendung zurück richtig zu bemerken scheint). Sie entzündet für alle 5er- und 10er-Geburtstagskinder die Kerze. Auch das Überreichen der Bibel von der Kanzel herab ist zwar in keiner gedruckten Agende vorgesehen, bekommt hier aber den Charakter ritueller Würde. Ob dieses Überreichen oder das Verstellen des Mikrophons wirklich notwendige Handlungen sind (man könnte auch ein zweites Mikrophon kaufen), sei dahingestellt, die Jugendlichen haben aber so Sonntag für Sonntag eine Aufgabe, mit der sie unter den gegebenen Umständen zum Gelingen des Gottesdienstes beitragen. Ihre Erwähnung in den Abkündigungen, das die Jugendlichen einschließende „ihr" statt eines auf Erwachsene zugeschnittenen „Sie" in der Begrüßung, schließlich die Aufzählung der Geburtstagskinder, bei denen 5-, 10- und 15-Jährige genau wie 80-Jährige genannt werden, zeigen auch verbal, dass die Jungen und Mädchen dazu gehören. Die Gewissenhaftigkeit bei dem Umstellen des Mikrophonsockels oder der Entgegennahme der Bibel von der Kanzel zeigt, dass ihnen diese kleinen Gesten auch etwas bedeuten. Auch hier durchziehen diese zahlreichen kleinen Aufgaben den gesamten Gottesdienst. Es ist weniger verbal ausgedrückt als in Beispiel A, doch die Art der Erfüllung der Aufgabe zeigt, dass der Junge und das Mädchen wissen, dass sie mit ihrer Tätigkeit geschätzt werden.

9.5 Der Aufbau von tragenden Teilgruppen

Eine Gruppe zu initiieren oder „großzuziehen", die den Gottesdienst trägt, ist eine mittelfristige bis langfristige Angelegenheit, deren Entwicklung sich nicht durch Einzelbeobachtungen ermitteln lässt. Interviews mit der Gemeindeleitung können jedoch Einblicke geben.

Im folgenden Interview bezieht sich die Pastorin auf Gottesdienste, die mit Eltern der Jugendlichen geplant wurden; so wurde in diesem Fall eine Elterngruppe als Träger von Gottesdiensten aufgebaut (Transkribiertes Interview mit der Pastorin aus Beispiel A):

„Wir haben ein eigenes Projekt daraus gemacht, die Eltern in die Gottesdienste einzubeziehen. Die Eltern … kommen manchmal mit in den Gottesdienst, begleiten ja manchmal auch ihre Kinder, aber das ist normalerweise nicht die Gottesdienstgemeinde. Wie kriegt man die nun mit ins Boot? Die kriegt man dann ins Boot, wenn ihre Kinder in der Zeit [= im Konfirmandenalter, K. M.] sind, das ist klar. Und es hat sich erwiesen, dass es ihnen besonderen Spaß gemacht hat, in diesem Feld ‚Gottesdienst' mit ihren Kindern tätig zu sein. Das haben wir dann letztlich in zwei Gottesdiensten umgesetzt. Einmal ‚Verzeihen ist das Zauberwort'. Das war ein Gottesdienst zum Thema Vergebung. Das war insofern sehr eindrücklich, als wir da auch sehr praktisch gearbeitet haben mit einer riesigen Tafel und Schwämmen. Und haben aufgelistet, was alles Mieses war und nachher wurde das weggewischt. … Verzeihen ist ein heftiges Thema zwischen Eltern und Kindern, … wir haben es mit den Müttern so umgesetzt, dass sie an jeder Stelle des Gottesdienstes beteiligt waren. Es gab dann auch keine Predigt, es gab dann Erfahrungen. … Jetzt ist es an mir, diesen neuen Jahrgang mit seinen Eltern zu motivieren."

Wie reagieren die Jugendlichen auf die Beteiligung der Eltern? Dazu der Ausschnitt eines Interviews mit einer Konfirmandin, deren Mutter den beschriebenen Gottesdienst mit vorbereitet hatte:

Konfirmandin: Wir wollten es eigentlich so machen, dass auch die Jugendlichen kommen und so. Wir haben uns überlegt, dass Musik ganz gut ankommt. Von Duffy haben wir so Lieder ausgesucht und die auch im Gottesdienst vorgespielt und dabei dann die Schwämme verteilt, jeder hat einen bekommen. Und dann ging es in der Predigt um Vergeben und so weiter. ... Erst haben sich die Eltern getroffen und dann haben wir im Konfirmandenunterricht geplant.

Interviewer: Ich erlebe bei Jugendlichen, wenn ich die frage, dass die sagen: Die Eltern dabei, das ist doch peinlich. Wie ging das dir?

Konfirmandin: Ging eigentlich, also. Wenn man die Eltern dabei hat, ist es ja eigentlich auf=auf der anderen Seite ganz gut. Weil sie sehen, was wir so selber erarbeitet haben. Kann man sozusagen schon fast so stolz drauf sein. ...

Es müssen nicht nur die Eltern sein. Auch eine Teilgruppe der Konfirmandinnen und Konfirmanden selbst kann einen tragenden Hintergrund bilden. Dazu der folgende Gesprächsausschnitt einer Gruppe, die durch vorherige Kindergottesdienstarbeit geprägt wurde. Zunächst ging es in dem Interview um bibliodramatische Ansätze in der Kirche. Die Pastorin hatte festgehalten, dass die Konfirmandinnen und Konfirmanden dabei ohne große Umstände erstaunlich gut mitmachen und sich bereitwillig mit biblischen Figuren identifizieren. Hier setzt unser Interviewausschnitt ein:

Pastorin: ... am Anfang ist es immer so, dass ich noch relativ viel so Anweisungen gebe, und dann rutscht das merkwürdigerweise – oder ich find das ganz schön, dass es zu den Konfirmanden rüberrutscht, dass die dann untereinander sagen: „Du das war aber nicht laut genug." ... und ich war dann irgendwann überflüssig.

Interviewer: Woher können die das?

Pastorin: Also ich glaube, dass ein Stück weit eine Frucht meiner Kinderarbeit hier aufgeht. Ich bin seit neun Jahren hier und mache ja diesen großen Kinderbibelsamstag, der mit sechzig, siebzig Kindern einfach gut besucht ist. Der speist sich aus den beiden evangelischen KiTas, aus Schulkindern. Und da machen wir viel biblisches Rollenspiel. Und mindestens die Hälfte dieser Kids, die Sie da jetzt sehen [in der Konfirmandenarbeit, K.M.], sind schon bei mir jetzt schon in der Gruppe gewesen. Nicht sehr regelmäßig unbedingt, aber irgendwie wissen die das. Dass das Spaß macht.

... der Kinderbibelsamstag ... beginnt immer in der Kirche und allzu oft werden da Kinder getauft. Das hat sich sehr etabliert und die KiBiSams-Kinder[3] sind immer beteiligt. Entweder tragen sie das Taufwasser durch die Bänke oder sie=sie sind, wenn ich da den Wiedehopf, das ist unser Tier für diese Veranstaltungen, auftreten lasse, dann sind sie andere Tiere. Oder. Also sie, sie sind dabei ... Es ist so eine Sache, die gut ist, vernetzt zu arbeiten und auf Synergieeffekte zu hoffen. Und das hat irgendwie, glaube ich, ein Stück weit gefruchtet. Und die anderen [Konfirmandinnen und Konfirmanden, K.M.], die unbeleckt sind und eigentlich keine Lust haben, werden ein bisschen mitgerissen. ...

Zum Beispiel ist interessant, dass dieses ganze Gestöre, Gerapple und Rumore in so einer Spielszene (in der Kirche, K.M.) nicht mehr vorhanden ist. ... Es gibt keine Disziplinprobleme bei so einem Stück. Die treten dann sofort wieder (im Gemeindehaus) auf – also da bin ich nicht romantisch – ...

Im ersten Fall gelingt ein Stück Beziehungsarbeit zwischen der Pastorin und den Familien. Gleichzeitig erarbeiteten Mütter und Jugendliche inhaltlich einen Gottesdienst. Die Konfirmandinnen und Konfirmanden erfahren hier, dass diese Mütter die gottesdienstliche Arbeit mit stützen und ihre Kompetenzen einbringen. Ausdrücklich wurde danach gefragt, wie sie das Miteinander erlebt hatten. Statt Peinlichkeit war von Stolz auf Seiten der Konfirmandinnen und Konfirmanden die Rede und auch die interviewte Mutter wusste zu berichten, dass es den Jugendlichen Spaß gemacht habe. Das auf die Familie ausgeweitete „Beziehungsnetz" des Gottesdienstes stützte in diesem Fall positive Erfahrungen.

Im zweiten Fall hatte die Pastorin durch die KiGo-Arbeit langfristig eine tragende Teilgruppe aufgebaut. Es steht bei ihrer Darstellung nicht im Vordergrund, dass die Jugendlichen bibliodramatisch an biblisches Hintergrundwissen anknüpfen können, sondern dass sie die Spielregeln beherrschen und sich bei diesen entsprechenden Szenen regelkompetent und autonom verhalten.

---

3 Kinder aus dem Kinderbibelsamstag, K.M.

Dieser Punkt ist die entscheidende Basis. Indem in einer kleinen Teilgruppe Kompetenz und das Wissen um eigenständige Aktionsmöglichkeiten vorhanden ist (nicht unbedingt inhaltliches Wissen), strahlt dies auf die gesamte Gruppe aus – die Pastorin nennt es: „rüberrutschen" und „mitgerissen".

Auf Erfahrungen einer anderen Studie hat Eckhard Fedrowitz hingewiesen. Dabei spielen die Vorerfahrungen eine entscheidende Rolle. Hintergrund ist hier eine Variation des KU4:

> „[die etwa 10-jährigen Vorkonfirmanden] … werden in einem Alter angesprochen, in dem sie in hohem Maße für Erlebnisse in der Gruppe aufgeschlossen sind, nach Informationen verlangen und eine natürliche Lernbereitschaft mitbringen. … das wirkt sich auch noch später aus, wenn die Jungen und Mädchen ‚muffeliger' werden, und erleichtert den Umgang miteinander. Das gemeinsame Erleben der ersten Kurse und die menschlichen Beziehungen zu den Mitarbeitern bleiben in der Erinnerung lebendig, so dass wir darauf aufbauen können."[4]

> „Wenn manche Kinder in der beginnenden Pubertät mal muffeln und schwieriger zu leiten sind, dann bleibt doch das gemeinsame Erleben der ersten Kurse abrufbar. Es ist ein Stück gemeinsamer Geschichte, die in der Erinnerung lebendig bleibt".[5]

Fazit: Eine Basis für Haupt- wie Jugendgottesdienste ist es, für das Gottesdienstgeschehen eine tragende Gruppe aufzubauen, die in einer stimmigen Beziehung zu den (anderen) Jungen und Mädchen steht und auf den Gottesdienst einstimmen kann. Das können die Eltern sein (erstes Beispiel), es kann vorgängige Kindergottesdienstarbeit sein, die ein erklecklicher Teil des Jahrgangs erlebt hat (zweites Beispiel), schließlich können es Teamer sein (Beispiel Kap. 9.3), sofern es gelingt, sie auch als Träger von Gottesdiensten „aufzubauen".

Am Anfang dieses Kapitels hatten wir die Frage nach dem „spirituellen" Lernen gestellt. All dies sind keine Beispiele für „spirituelles" Lernen, sie geben jedoch Hinweise auf eine Ebene,

---

4 E. Fedrowitz (1985), S. 58.
5 E. Fedrowitz (1985), S. 64.

auf der dieses gelingen kann, besser: auf der etwas von dem „Sinn für eine Gottesbeziehung" den Jugendlichen nahe gebracht werden kann. Engagement und Vorerfahrungen einer Teilgruppe übertragen ihre Stimmung, Motivation und als „Vertrauenspersonen" auch eine Ahnung davon, dass Gottesdienst sich „auf einer anderen Ebene" lohnt, die etwas mit Gott zu tun hat.

9.6 Ertrag und eine theologische Überlegung

Es sind weder nach der Statistik noch nach den Beobachtungen methodische Rezepte, die Erfolg versprechend für die Konfirmandenarbeit sind: Arbeit mit Teamern oder Gottesdienste mit guter Band erscheinen auf den ersten Blick zwar als sinnvolle Mittel, es geht jedoch um etwas, was dahinter liegt. Es *kann* mit den genannten Methoden transportiert werden – oder auch nicht.

Der Erfolg hängt von gelingender Arbeit auf dem Terrain der Beziehungen ab, die sich auf verschiedenen Ebenen und unter Einbeziehung verschiedener Kontexte entwickeln. Beziehungsarbeit beginnt schon auf der Ebene raum-leiblicher Arrangements, in denen Jugendliche eine einladende Umgebung oder eben auch das räumliche Verhindern einer Einladung erleben können.

Beziehungsarbeit setzt sich fort in der Achtsamkeit, mit der Inhalte und Musik nicht einfach nur ihrer Gestaltung nach den Jugendlichen entsprechen, sondern vor allem getragen sind von einer Gruppe, die den Jungen und Mädchen nahe steht. Engagierte Eltern, motivierte, eigenständige Teamer in Andachten oder Peers mit Erfahrung im Bibliodrama können dazu verhelfen, dass durch die hier vorhandenen Beziehungen etwas „rüberrutscht". Und dies kann zunächst gleichermaßen Regelwissen und Stimmung sein.

Die Kompetenz der Jugendlichen kann durch die würdigende Erwähnung im Gottesdienst deutlich werden (die „wissen das schon"), durch das eigene Psalmlesen oder die Ministrantendienste, die die „Gottesdienstfähigkeit" der Jugendlichen öffentlich wirksam und ohne großen Aufwand inszeniert. Für die Jugendlichen ist es aber auch schon viel wert, wenn Ihnen nahe Menschen, wie ältere Jugendliche oder Mütter, als kompetent und engagiert begegnen.

Nach all diesen Beobachtungen bildet Beziehungsarbeit die Grundlage für Arrangements, durch die etwas von dem Regelwissen, etwas von der Stimmung und etwas von der Motivation sichtbar auf die Konfirmandinnen und Konfirmanden wirkt. Durch Vertrauenspersonen kann darüber hinaus auch eine Ahnung dessen entstehen, was im Gottesdienst den Kern bildet: Dem hohen Gewicht der sozialen Gruppenerfahrung im Zusammenhang mit Gottesdienst entspricht biblisch die Bedeutung der *Koinonia* (das heißt: durch Christus gestiftete Gemeinschaft), zum Beispiel bei Paulus oder beim Verfasser des ersten Johannesbriefs.

Es geht den biblischen Autoren (wie Paulus oder dem Verfassers des ersten Johannesbriefs) darum, in der gemeinsamen Feier und im gemeinsamen Mahl (1 Kor 10,16) Jesu durch Gott gestiftete Gegenwart zu feiern. Dies haben sie erlebt und wollen es anderen mitteilen und mit ihnen teilen (1 Joh 1,3). Demnach ist *Koinonia* mit ihrer Gründung in Christus (z. B. 1 Kor 1,9) nicht eine methodisch oder sonstwie erfolgreich von Menschen „arrangierte", sondern eine Gemeinschaft, die Gottes Wirken zu verdanken ist; sie ist Gottes Geschenk.

Was heißt das für den Gottesdienst? Christlicher Gottesdienst setzt die heile Beziehung unter den Teilnehmerinnen und Teilnehmern weder voraus noch zwingt er Verantwortliche, eine solche zu schaffen, noch besteht der Zwang, etwas weitergeben zu „müssen". Vielmehr *kann* der Gottesdienst etwas zur Darstellung bringen; er „inszeniert" die Gottesbeziehung so, dass deutlich wird: Gott macht christliche Gemeinschaft, macht *Koinonia* erst möglich. Im Gottesdienst können daran anschließend auch unsere in dieser Beziehung freigesetzten Handlungsmöglichkeiten zum Ausdruck kommen (1 Joh 1,6 im Blick auf das Folgende, z. B. Kap 3,11 ff., vgl. 2 Kor 13,11–13).

Das heißt: Unter den Jugendlichen ist eine gute Beziehung nicht Voraussetzung, genauso wenig wie eine von ihnen begrifflich ausdrückbare Gottesbeziehung. Der Gottesdienst schafft vielmehr auf der Ebene seiner Inszenierung der Gottesbeziehung den Möglichkeitsraum, heile und heilende Gemeinschaft (jenseits menschlichen Machbarkeitsstrebens hinsichtlich einer perfekten Gemeinschaft) in seiner Verdanktheit zu erleben. Auf dieser Ebene können Jugendliche mit ihren Fähigkeiten zum Gottesdienst beitragen, gegebenenfalls unterstützt von Vertrauenspersonen.

Das heißt für Leiterinnen und Leiter von Gottesdienst bzw. Konfirmandenarbeit und auch für die Trägerinnen und Träger des Gottesdienstes, sich über deren fragmentarischen Charakter im Klaren zu sein; es heißt, mit den bleibenden Unsicherheiten umgehen zu können (aus der Freiheit einer geschenkten Gemeinschaft durch und in Christus). Es heißt, nicht einem Machbarkeitswahn zu verfallen, sondern immer wieder Möglichkeitsräume zu eröffnen – für das Können der Jugendlichen, für die Teilgruppen, die zu Stimmung und Stimmigkeit beitragen, für die Erfahrung geschenkter Gemeinschaft.

10 Motivierung

Es gibt keine Rezepte für Arrangements oder Methoden, die angesichts der Vielfalt der Umstände immer passen und die gleichsam von selbst dazu führen, dass gemeindliche Gottesdienste breit bei den Jugendlichen akzeptiert werden. Jede Gemeinde hat ihr Profil. Soziologische Gegebenheiten, Charakter, persönliche Fähigkeiten und Traditionen wollen berücksichtigt sein.

Ein „Fertigpaket" kann nicht geschnürt werden. Ich habe dennoch in zwei Darstellungen Ergebnisse für die Praxis gebündelt. Jene, die eher bildlich denken, werden die anschließende Skizze vorziehen. Anderen liegen die folgenden fünf Punkte näher. Beide laufen bei kleinen Akzentunterschieden auf dasselbe hinaus.

Die Skizze (nächste Seite) bildet (selbstverständlich schematisch vereinfachend) den Gesamtzusammenhang ab: Das linke Drittel bezieht sich auf das Erleben von Vertrautheit, Unvertrautheit und konkreter Fremdheit, die Jugendliche beim Gottesdienst erfahren. Im rechten Drittel geht es in Verbindung mit altersspezifischem Erleben um leib-räumliches, sinnliches Erleben und die Tatkraft der Jugendlichen. In der Mitte ist das Soziale und Beziehungserleben der durchgehende Aspekt.

Erläuterungen zu der „Ergebnisskizze": Unten sind die Erfahrungen der Jugendlichen dargestellt (①②③), die mit Erkenntnissen in Zusammenhang stehen, die wir hier nun ausführlich beschrieben haben. Aus ihnen ergeben sich pädagogische Handlungsspielräume (④⑤⑥) sowie Aufgaben für die Gottesdienstleitung. Zu diesen lässt sich eine Zielperspektive beim Erleben seitens der Jugendlichen formulieren (⑦⑧⑨). Im idealen Fall kann diese zu Motivation gegenüber zukünftigen Gottesdienstbesuchen und inhaltlichen Erinnerungen führen, wie sie in den vergangenen Kapiteln im Fokus standen (⑩). Entsprechend dieser Systema-

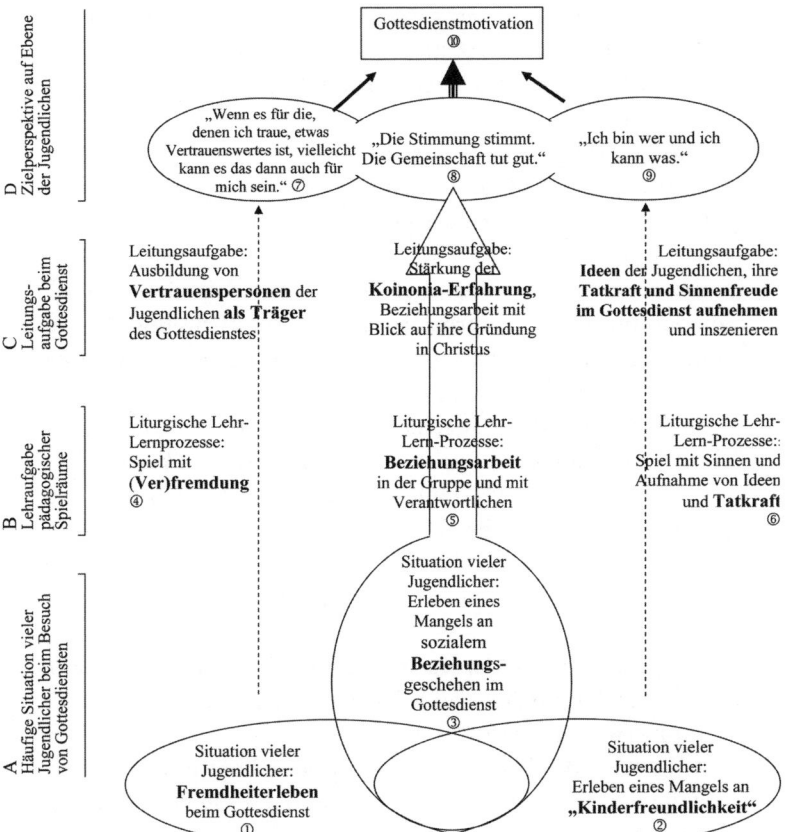

Abb. 9 Ergebnis-Skizze

tik besteht – gerade für den Gottesdienst, das sei hier betont aufgenommen! – in dreierlei Hinsicht gemeindlicher Handlungsbedarf (unterer Bereich):

1. *Linker Pfeil:* Angesichts des Erlebens von Halbvertrautheit, Unvertrautheit und Fremdheit im Gottesdienst ①: Teilgruppen zu initiieren oder zu fördern, die den Gottesdienst tragen und das Vertrauen der Konfis haben oder bekommen (um gerade über Personen Vertrauen zu vertiefen);

2. *Rechter Pfeil:* Angesichts drohender „Kinder-un-freundlich-keit" ②: Kompetenz, Autonomie, Ideen und Tatkraft der Jugendlichen im Gottesdienst wertschätzend zur Darstellung zu bringen;

3. *Mittlerer Pfeil:* Angesichts der Bedeutung des Sozialen ③: „Beziehungsarbeit" an und mit der KA-Gruppe und anderen Gottesdienstgruppen zu ermöglichen.

Dem korrespondiert die Ermöglichung von pädagogischen Spielräumen: für Lehr-Lernprozesse um Vertrautheit und Unvertrautheit ④, für Gruppen- und Beziehungserleben ⑤ für Sinne, Raum und Leib. ⑥

Die Zielperspektive ist schlagwortartig mit drei (optimalen) Erkenntnissen aus der Perspektive der Jugendlichen benannt:

1. Angesichts des unvertrauten, fremden Gottesdienstes bildet sich die Erkenntnis bei den Jungen und Mädchen aus: „Wenn Gottesdienst für die, denen ich vertraue, etwas Vertrauenswertes ist, vielleicht kann es dann auch etwas für mich sein." ⑦

2. Entgegen der „Kinder-un-freundlichkeit" stellt sich die Einsicht bei den Jungen und Mädchen ein: „Ich bin wer und ich kann etwas im Gottesdienst." ⑨

3. Angesichts der Bedeutung des Sozialen kommt es zur Feststellung: „Die Stimmung stimmt und die Gemeinschaft tut gut." ⑧

Mit diesen auf die Gruppe und Soziales orientierten Perspektiven lässt sich – auch im Bewusstsein einer letzten, spirituellen Unverfügbarkeit von koinonischen Erfahrungen – in unterschiedlichen „Spielräumen" konstruktiv an „Gottesdienst" als Thema und als Praxis in der Konfirmandenarbeit herangehen. Wie wir gesehen haben, kann gerade so Motivation bei den Jugendlichen entstehen. ⑩

Alternativ zur Graphik seien als verbale Variante fünf Punkte formuliert, deren Anfangsbuchstaben das Merkwort „SABAT" bilden:

- Sozial „belohnen"
- „Außenperspektive" berücksichtigen
- Beziehung fördern
- Altersgerechtheit schaffen
- Tragende Teilgruppen aufbauen

Sozial „belohnen"

„Was ‚treibt' den Menschen?" Diese Frage eines Neurobiologen wird von seiner Wissenschaft klar beantwortet: „„Lohnend' aus Sicht des Gehirns ist es Vertrauen, soziale Wertschätzung und Kooperationsbereitschaft zu erleben." Sind unsere sonntäglichen Gottesdienste für das „Gehirn" der Jugendlichen lohnend?

Die Zentralität der „sozialen Frage" für die Haltung gegenüber Gottesdienst konnte nachgewiesen werden. Was bleibt, ist: in den Gemeinden vor Ort mit ihren vielschichtigen und vielfältigen, unterschiedlichsten Voraussetzungen an diesem Punkt liturgisch und pädagogisch zu arbeiten. Aufgrund der sehr differenten Voraussetzungen, gibt es nicht die „eine" Lösung durch eine bestimmte Organisation der Konfirmandenarbeit oder des Gottesdienstes. Entscheidend ist das zielführende Arbeiten auf dieser sozialen Ebene „unterhalb" der großen Organisation. Auf diese beziehen sich die weiteren Vorschläge, die dann unter den je eigenen Gegebenheiten auszugestalten sind.

Außenperspektive berücksichtigen

Die sonntäglichen Gottesdienste können als recht komplexe „Inszenierung einer Gottesbeziehung" (vgl. M. Meyer-Blanck) verstanden werden. Dabei ist jedoch nicht nur die Komplexität ein Hemmnis, sondern auch die „Gottesbeziehung", um die es hier geht. Wie dargestellt, sind sich die Jugendlichen mehrheitlich nicht oder kaum einer Gottesbeziehung bewusst. Sie spielt in Gesprächen zum Gottesdienst keinerlei Rolle, im Fragebogen wird

„spirituellen" Erfahrungsaussagen zum Gottesdienst eher nicht zugestimmt.[1] Die Frage nach Gott gehört nicht zu den Themen, die die Konfirmandinnen und Konfirmanden vorrangig bewegen. Darüber hinaus erleben sie sich auch in Bezug auf Sprache und Musik in einer Außenperspektive.

Indem der Gottesdienst nun aber in einer Innenperspektive damit befasst ist, eine durch eine spezifische Sprachgestaltung, geprägte musikalische Formen und inhaltliche Zusammenhänge qualifizierte Gottesbeziehung auf besagte komplexe Weise zu inszenieren, geschieht etwas, was den Jugendlichen eine fremde „Welt" ist, wie sie in ihren Gesprächen zum Ausdruck bringen.

Aus der Außenperspektive vieler Jugendlichen stellt sich die Frage, warum sie diese recht spezielle Art der Kommunikation lernen sollen, die für sie auch mangels entsprechendem Bewusstsein für Gott oder etwas Göttliches keine Relevanz hat. Es mag sein, dass da im Vorbewussten etwas von einer unverfügbaren „Gründung unseres Lebens" sich mit dem Gottesdienst verbinden lässt; anhand unserer Daten lässt sich jedoch sagen, dass bis zur letzten Befragung kurz vor der Konfirmation sich hieraus keine gesteigerte, im genannten weiteren Sinne spirituelle Erfahrung ergibt. Es verwundert daher nicht, dass die Jugendlichen keine intrinsische Motivation zur Teilnahme an späteren Gottesdiensten entwickeln. Es verwundert auch nicht, dass die Langeweile nach einem ersten Kennenlernen zunimmt.

Wenn nun gerade die Kern-Relevanz des Gottesdienstes mehrheitlich bei den Jugendlichen ohne Resonanz bleibt und dennoch am Ziel festgehalten wird, etwas von der „Lebenshilfe" des Gottesdienstes nahezubringen, ist danach Ausschau zu halten, was

---

1 Weder stimmt die Mehrheit einer offenen Formulierung zu, dass sie eine „Macht" erlebt haben oder Antworten auf Lebensfragen erhielten, noch spezifisch-spiritueller, dass sie das Gefühl hatten, Gott nah zu sein. All dies trifft für sie mehrheitlich im Zusammenhang mit Gottesdienst (und wohl auch sonst) eher nicht zu. Auch in anderen Forschungsprojekten (Fend) wird gerade den 13- bis 14-jährigen ein geringer Sinn für religiöse Fragen attestiert.

stattdessen für die Jugendlichen Relevanz besitzt und zugleich auch den Kern von Gottesdienst berührt. Die Frage in dieser Weise zu stellen, heißt die sonntägliche Situation der Jugendlichen ernst zu nehmen, in der sie im Verhältnis zum „Kern" des Gottesdienstes in einem „Außen" zu stehen kommen.

Beziehung fördern

Die Frage menschlicher Beziehung ist mit der Frage der Gottesbeziehung im christlichen Verständnis unlösbar verschränkt (Doppelgebot). Wenn die Frage guter, stimmiger sozialer Beziehung also zum Einstieg in den Gottesdienst wird, entspricht dies auch dem christlichen Dienst angesichts Gottes. Von den Jugendlichen aus gedacht, gibt es auch da, wo Eigenständigkeit nur begrenzt möglich ist, wo die eigene Kompetenz nicht gleich spürbar wird, einen Punkt, der Motivation entstehen lässt: Dies ist die Gruppensicherheit (Fragebogenergebnisse), die „secure relational base" (wie Deci und Ryan feststellen) oder, wie aus den Gesprächen hervorgeht: Gemeinschaftsgefühl und die Stimmung.

An diesem Punkt kann konkret angesetzt werden und an diesem Punkt gerät zugleich das allgemeine Defizit vieler Sonntagsgottesdienste in den Brennpunkt: Wenn einem Gottesdienst keinerlei „Stimmung" abzuspüren ist, wenn beim gemeinschaftlichen Singen nur noch die Orgel zu hören ist, wenn Predigerinnen und Prediger keine Beziehung zu ihren Hörern aufbauen (können) und wenn die Besucher sich wie Gasmoleküle im Raum in je größtmöglichem Abstand zu einander verteilen, dann ist kaum zu erwarten, dass die Jugendlichen „Gemeinschaftsgefühl" wahrnehmen.

Umgekehrt heißt dies, nicht nur im Sinne der Jugendlichen, sondern der gesamten Gemeinde, genau hieran zu arbeiten: Beziehungen zu stiften.

Das beginnt mit Beziehungen innerhalb der Konfirmandengruppe, das geht weiter über die gottesdienstliche Beziehungsarbeit angesichts anderer Teilgruppen der Gemeinde (z. B. Eltern) und über die Beziehung zum Gottesdienstleiter sowie die Beziehung der Kerngemeinde zu den Jugendlichen.

Sicherlich ist Beziehungsarbeit etwas Langfristiges. Wir konnten jedoch nachweisen, dass diese langfristige Arbeit Früchte trägt. Unabhängig von der Kirchlichkeit der Eltern sind es die Jugendlichen mit Vorerfahrung in Kindergruppen oder Kindergottesdiensten, die in allen Belangen unseres Fragebogens bessere Ergebnisse haben und deren Motivation im Gegensatz zu den anderen nicht sinkt, sondern sogar leicht steigt.

Gottesdienstliche Beziehungsarbeit schnell zum Erfolg zu führen, dürfte nur wenigen auserwählten Charismatikern gelingen, doch langfristige Arbeit an diesem zentralen Punkt schafft signifikante Unterschiede zu anderen Gemeinden. Beziehungsarbeit ist jedoch mehr als „sich schon lange zu kennen", es ist auch Arbeit hier und jetzt.

„Altersgerechtheit" schaffen

Beziehungsarbeit besteht nicht nur in Freundlichkeit und alten Erinnerungen, sondern heißt auch handfest und aktuell daran zu arbeiten. Dies gilt für jede Beziehungsarbeit, sei es die in einer Familie oder die im Gottesdienst. In vielfältigen Arrangements stellt sich den Jugendlichen die Frage, ob sie überhaupt Zielgruppe dessen sind, was da im Gottesdienst passiert. Und es ist zu befürchten: In der Mehrheit der Fälle wird ihnen sehr deutlich gemacht, dass sie nicht die Zielgruppe sind. Zum Teil werden sie räumlich – ohne Sichtkontakt – ausgeschlossen. Sprachformen, Begriffswahl, Raumarrangements oder die Form der Aktivitäten sprechen oft eine ganz andere Sprache, als es ein wirkliches Interesse an einer positiven Beziehung erwarten lassen würde. Daran können auch gut gemeinte Bekundungen in Briefen und Gemeinderatstexten nichts ändern. „Kinderfreundlichkeit" nennen es die Jugendlichen – und diese fehlt ihnen allzu oft. „Altersgerechtigkeit" wird von ihnen gefordert und diese umfasst vielfältige Ebenen. Da ist vor allem die Sprache zu nennen, die für Jugendliche nicht unpräzise oder anbiedernd, aber verstehbar sein sollte (ohne herablassend zu wirken) und die inkludierend auch durch sämtliche Abschnitte des Gottesdienstes die Jugendlichen immer wieder aufnimmt. Das sinnlich-leiblich Erfahrbare ist Jugendlichen ebenso wichtig wie die Chance, die eigene juvenile Tatkraft berücksichtigt zu sehen. Die Erfahrung, etwas eigenständig zu können, ist ein zweiter großer Motivator, wie die Motivationsforschung herausgefunden hat und wie es die übergreifende Bedeutung der Zustimmung in den Fragebögen zum „eigene Ideen in den Gottesdienst einbringen können" gezeigt hat.

Auch dies kann konterkariert werden, wie die realitätsnahe Parodie anschaulich macht, nach der Jugendlichen drei Minuten vor dem Gottesdienst eine Kopie eines Gebets zum Lesen in die Hand gedrückt wird. Und selbst vielfältige, auf eigenen Ideen basierende Schauspielleistungen der Jungen und Mädchen vor dem Altar schaffen noch nicht allein das, worum es gehen sollte.

Tragende Teilgruppen aufbauen

Die Gespräche der Jugendlichen sind an der Unterhaltsamkeit orientiert, erst recht ihre Verbesserungsvorschläge. Das einfache Mitwirken kann „stolz" machen und zu weiterer Bereitschaft zu „Aufführungen" oder Ähnlichem motivieren. Doch die Frage bleibt, ob TV-Shows oder Schulaktivitäten das nicht genauso oder sogar besser können. Gute Gemeinschaft gibt es auch anderswo. Erst wenn etwas von einem „Mehr" des Gottesdienstes durch gute Beziehungsarbeit und vertraute Menschen glaubhaft wird, verbindet sich mit der Motivation auch die Ahnung des Besonderen und Eigenen eines Gottesdienstes gegenüber unterhaltsamen Aufführungen.

Menschen, die von diesem „mehr" etwas erlebt haben, oder vorsichtiger, die auch bei Rückschlägen glaubhaft machen, dass sie im Gottesdienst weiter danach suchen werden, sind die eigentlichen Motivationsmittler. Realitätsnah ist festzustellen, dass dies eher selten die Gottesdienstleiterin oder der Gottesdienstleiter sein werden („der *muss* doch wegen seines Berufs glauben"). Umso wichtiger ist es, dass Teilgruppen teilnehmen, die vom Gottesdienst überzeugt sind, die etwas von ihrer Suche oder etwas von ihren spirituellen Erfahrungen den Konfirmandinnen und Konfirmanden glaubhaft machen. Die Vielfalt solcher möglichen Trägergruppen ist groß und reicht von den oben beschriebenen Varianten (Teamer, Eltern) bis zu kindergottesdienstvorerfahrenen Peers unter den Konfirmandinnen und Konfirmanden selbst. Wenn diese Teilgruppen nicht irgendeine, sondern „gottesdienstliche" Stimmung tragen, wenn diese Teilgruppen nicht irgendein Gemeinschaftsgefühl, sondern eine durch eine bewusste Entscheidung für diese „Veranstaltung" „christlich" qualifizierte, koinonische Gemeinschaftserfahrung bestimmt, können sie als Vertrauenspersonen der Jugendlichen die Idee eines „Gottes"-Dienstes und ein Einstimmen in eine „gottes"-dienstliche Stimmung nachvollziehbar machen und diese Idee vielleicht keimen und wachsen lassen.

> Die Tür zur Kirche öffnet sich und Conny kommt nach ihrem ersten Gottesdienst wieder heraus. Sie hat sich ein wenig fremd gefühlt unter den vielen Menschen, die sie nicht kennt. Sicherlich war es nicht ganz so fremd wie ein Gottesdienst einer anderen Religion, zum Beispiel von Hindus. Sie konnte an ihre Erfahrungen mit Kirche bei Taufen anknüpfen, auch wenn die schon fünf Jahre her waren. Sie weiß, dass sie zu Familienfeiern auch nach der Konfirmation Gottesdienste erleben wird. Ihr Blick war jedoch – wie bei etwas Fremdem – besonders auf Personen konzentriert. Sie hat zuerst darauf geachtet, wen sie kannte, sich erinnert, dass sie die Pastorin schon einmal im Einschulungsgottesdienst kennengelernt hat. Während der Gottesdienst ablief, hat sie gut aufgepasst, wann die anderen Menschen aufstehen und sich wieder setzen, und versucht, die Lieder im Buch rechtzeitig aufzuschlagen. Ein etwas älterer Junge aus der Nachbarschaft hat etwas vorgetragen, der Inhalt ist nicht

hängen geblieben, aber dass dieser Junge in der Kirche nach vorn gegangen ist, an einem Pult geredet hat, hat sie beeindruckt. Mit ihrem guten Gespür für Stimmungen hat sie wahrgenommen, dass sie hier auch als Jugendliche willkommen ist. Es lag nicht in erster Linie daran, dass die Namen aller neuen Konfirmandinnen und Konfirmanden vorgelesen wurden, sondern stärker daran, dass sie gemerkt hat, dass hier auch andere Jugendliche mit Engagement bei der Sache sind, mitsingen und mitsprechen.

Gut anderthalb Jahre sind nun vergangen; Conny geht nun regelmäßig zum Gottesdienst. Der Diakon, Dirk, hat sich einiges überlegt. Als er in diese Gemeinde gekommen ist, konnte er daran anknüpfen, dass Kindergottesdienstarbeit hier schon vorhanden war, er hat sie ausgebaut und wird sie noch weiter ausbauen; fast ein Fünftel jedes Jahrgangs hat nun mehr oder minder regelmäßige Erfahrungen mit den monatlichen Samstagsvormittagsaktionen in der Kirche mit anschließendem kleinen Essen und Abschlussandacht gemacht. Für das erste Jahr hat er die Konfirmandenarbeit in Blöcken organisiert. An Wochenenden wurden Themen bearbeitet, die auch immer mit dem Sonntagsgottesdienst verbunden waren. Verpflichtend war es, neben diesen fünf auf Konfirmanden zugeschnittenen Hauptgottesdiensten je eine Variante von besonderen Gottesdiensten in der Gemeinde kennenzulernen: die Thomasmesse, den plattdeutschen Gottesdienst, einen Jugendgottesdienst, eine Andacht im Altenheim – bei der Conny die Kerzenanzünden konnte und etwas vorlas – und einen Gottesdienst im „Zentrum für Menschen mit Mehrfachbehinderung". Dazu gab es noch die Möglichkeit, Taufgottesdienste und eine Hochzeiten zu erleben. Mit den Gottesdiensten auf den Freizeiten, Einführungs- und Vorstellungsgottesdienst kam sie auf insgesamt zwanzig Gottesdienstbesuche. Alle waren durch den Kasus, durch die Vorbereitung in der Gruppe oder durch die Situation der Freizeit auf ihre Art etwas Außergewöhnliches, in fast allen fühlte sich Conny durch die Teilnahme der meisten anderen aus der Gruppe „sicher". Am wenigsten war dies bei den Taufen und der Hochzeit der Fall, dafür waren die auf eine eigene Art außergewöhnlich und „spannend".

Kurz vor dem Ende der Konfirmandenzeit weiß Conny, dass sie in der Zukunft nicht allzu häufig zu Sonntagsgottesdiensten kommen wird, aber sie sind doch „Veranstaltungen", in die sie sich „traut". Vielleicht wird sie mit ihrer Freundin Miriam mal zu einem Jugendgottesdienst gehen, allein wohl eher nicht. Von den Inhalten ist ihr kaum etwas in Erinnerung geblieben, aber sie weiß, dass hier auch im Gottesdienst Gemeinschaft entstehen kann, dass es Partnerschaftsarbeit mit anderen Ländern der einen Welt gibt, die sich bis in die Andachten hinein auswirken, dass auch Menschen mit Behinderungen sich hier wohlfühlen, dass ganze Familien hier lebensentscheidende Ereignisse begehen. Dass etwas ältere Jugendliche, wie Dirk und Miriam, häufiger in Gottesdienste gehen, irritiert und beeindruckt sie zugleich.

Die meisten Jugendlichen interessieren sich erst einmal nicht für Gott. Die Jugendlichen sehnen sich aber nach einer Gruppe, die trägt, nach stimmigen Beziehungen, vertrauenswürdigen Personen, an denen sie sich ausrichten können. Sie möchten zeigen, dass sie etwas tatkräftig schaffen können, und wollen eigene Ideen verwirklicht sehen. Außergewöhnliches kann sie in den Bann schlagen. In jedem dieser Bereiche kann ihnen Gottesdienst etwas bieten – ein Angebot, bei dem der eine oder die andere später noch mehr entdecken wird.

Literatur

In dieses Literaturverzeichnis konnten nur die Titel aufgenommen werden, die unmittelbar herangezogen wurden.

Adam, G. (1984), Der Unterricht der Kirche. Studien zur Konfirmandenarbeit (Göttinger Theologische Arbeiten, Bd. 15), Göttingen

Ahrens, P.-A. (2010), „Möglichkeiten und Grenzen einer milieuspezifischen Ausrichtung der Kirchlichen Frauenarbeit: Einblicke aus empirischer Sicht", unter: http://www.ekd.de/si/download/milieuspezifischen_Ausrichtung__kirchliche_Frauenarbeit(2).pdf, (3.7.2011)

Arbeitshilfen zu den Rahmenrichtlinien für die Konfirmandenarbeit in der Ev.-luth. Landeskirche Hannovers. Zweites Heft – 1991, Loccum

Arnold, J. (2010), Was geschieht im Gottesdienst? Zur theologischen Bedeutung des Gottesdienstes und seiner Formen, Göttingen

Bauer, J. (2010⁴), Prinzip Menschlichkeit. Warum wir von Natur aus kooperieren, Hamburg

Bauer, J. (2012), „Egoismus oder Altruismus? Was ‚treibt' den Menschen?", Forschung und Lehre, 19. Jg. / 1, S. 48–49

Berthold-Scholz, Chr. / Rudolff, C. (2011), Verstehen, was läuft. Eine Erschließung der agendarischen Liturgie für Jugendliche und Erwachsene in der Konfirmandenarbeit, Kassel

Bieritz, K.-H. (2004), Liturgik (de Gruyter Lehrbuch), Berlin

Bizer, Chr. (1993), „Die gestaltete Begehung. Zugänge zur evangelisch-christlichen Religion im Konfirmandenunterricht", in: M. Meyer-Blanck (1993), Zwischenbilanz Hoyaer Modell. Erfahrungen – Impulse – Perspektiven (Arbeiten zum Konfirmandenunterricht, Bd. 4), Hannover, S. 119–130

Ecarius J. / Eulenbach, M. / Fuchs, Th. / Walgenbach, K. (2011), Jugend und Sozialisation. Lehrbuch (Basiswissen Sozialisation Bd. 3), Wiesbaden

Evangelische Kirche in Berlin-Brandenburg (2002), Konfirmandenarbeit und Konfirmation. Eine Orientierungshilfe, Berlin

Fedrowitz, E. (1985), „Jugendliche Mitarbeiter im Konfirmandenunterricht ab 10 Jahre", in: J. Bode / W. Flemmig / H. B. Kaufmann (1985, Hrsg.), Konfirmandenzeit von 11–15?, Gütersloh, S. 57–64

Fend, H. (1990), Vom Kind zum Jugendlichen. Der Übergang und seine Risiken (Entwicklungspsychologie der Adoleszenz in der Moderne, Bd. 3), Bern

Fend, H. (1998), Eltern und Freunde. Soziale Entwicklung im Jugendalter (Entwicklungspsychologie der Adoleszenz in der Moderne, Bd. 5), Bern

Fendler, F. (2010), „Langeweile im Gottesdienst. Eine Randbemerkung zur Tübinger Konfirmandenstudie", Thema: Gottesdienst 32, S. 37–39

Fowler, J. W. (1991), Stufen des Glaubens. Die Psychologie der menschlichen Entwicklung und die Suche nach Sinn, Gütersloh (Originaltitel: States of Faith. The Psychology of Human Development and the Quest for Meaning, New York 1981)

Grethlein, Chr. (1996²), „Liturgische Elemente?"; in: G. Adam / R. Lachmann (1996, Hrsg.), Methodisches Kompendium für den Religionsunterricht, Göttingen, S. 377–393

Heil, S. (2003), „Empirische Unterrichtsforschung zum Religionsunterricht – Stand und Entwicklungsgeschichte", in: D. Fischer / V. Elsenbast / A. Schöll (2003, Hrsg.), Religionsunterricht erforschen. Beiträge zur empirischen Erkundung von religionsunterrichtlicher Praxis, Münster, S. 13–35

Husmann, B. (2006), „Liturgisches Lernen. Zum Erwerb von Partizipationskompetenz im Religionsunterricht", theoweb 2/2006, 5. Jg, S. 108–112

Husmann, B. (2008), Das Eigene finden. Eine qualitative Studie zur Religiosität Jugendlicher (Arbeiten zur Religionspädagogik, Bd. 36), Göttingen

Husmann, B. / Klie, Th. (2005), Gestalteter Glaube. Liturgisches Lernen in Schule und Gemeinde (Theologie für Lehrerinnen und Lehrer. Thema), Göttingen

Husmann, B. (2008b), „Inszenierung und Unterricht. Oder: Man kann nicht nicht inszenieren", in: Th. Klie / S. Leonhard (Hrsg.), Performative Religiondidaktik. Religionsästhetik – Lernorte – Unterrichtspraxis, Stuttgart, S. 26–37

Ilg, W. / Schweitzer, F. / Elsenbast, V. (2009), Konfirmandenarbeit in Deutschland. Empirische Einblicke. Herausforderungen. Perspektiven. Mit Beiträgen der Landeskirchen (Konfirmandenarbeit erforschen und gestalten, Bd. 3), Gütersloh

Josuttis, M. (1993²), Der Weg in das Leben. Eine Einführung in den Gottesdienst auf verhaltenswissenschaftlicher Grundlage, Gütersloh

Josuttis, M. (1996), Einführung in das Leben. Pastoraltheologie zwischen Phänomenologie und Spiritualität, Gütersloh

Kecskes, R. (2000), „Religiosität von Frauen und Männern im internationalen Vergleich", in: I. Lukatis/R. Sommer/Chr. Wolf (2000, Hrsg.), Religion und Geschlechterverhältnis (Veröffentlichungen der Sektion „Religionssoziologie" der Deutschen Gesellschaft für Soziologie, Bd. 4), Opladen, S. 85–100

Kirchenregierung der Ev.-Luth. Landeskirche in Braunschweig (1990), Rahmenrichtlinien für den Konfirmandenunterricht in der Ev.-Luth. Landeskirche in Braunschweig, Wolfenbüttel

Köcher, R. (1987), „Tradierungsprobleme in der modernen Gesellschaft", in: E. Feifel/W. Kaspar (1987, Hrsg.), Tradierungskrise des Glaubens, München, S. 168–182

Landeskirchenrat der Ev.-Luth. Kirche Schaumburg-Lippe (1989), Richtlinie für die Konfirmandenarbeit gemäß Beschluß des Landeskirchenrates vom 19. 1. 1989, Bückeburg

Landeskirchenrat der Ev. Kirche in Baden (1989), Kirchliches Gesetz zur Einführung der Kirchlichen Lebensordnung über die Konfirmation, Karlsruhe

Landessynode der Ev. Kirche in Württemberg (2000), Mit Kindern und Jugendlichen auf dem Weg des Glaubens. Rahmenordnung für die Konfirmandenarbeit, Stuttgart

Landessynode der Ev. Kirche von Westfalen (1988), Kirchengesetz über die Ordnung des kirchlichen Unterrichts in der Evangelischen Kirche von Westfalen, Bielefeld

Lübking, H.-M. (1998², Hrsg.), Gottesdienste für Jugendliche. Praxismaterialien für alle Sonn- und Feiertage des Kirchenjahres (Perikopenreihe 1), Düsseldorf, erste Aufl. 1996

Lütz, S.-O./Quattlender, A. (1999), Erlebnisorientierte Konfirmandenarbeit. Konzeption und Gestaltung, Düsseldorf

Meyer, K. (2003), „Vertrautheit von Konfirmandinnen und Konfirmanden mit dem lutherischen Gottesdienst – Anregungen zu einer Didaktik der Liturgie", in: C. Mork (2003), Konfirmandenzeit als Biographiebegleitung (Arbeitshilfen KU Nr. 22), Rehburg-Loccum, S. 23–37

Meyer, K. (2008) „Kirche, Conny und KU. Das Thema „Gottesdienst" in der Arbeit mit Konfirmandinnen und Konfirmanden", in: Th. Klie/S. Leonhard (Hrsg.), Performative Religiondidaktik. Religionsästhetik – Lernorte – Unterrichtspraxis, Stutgart, S. 143–157

Meyer, K. (2009) „Was hat dir am letzten Gottesdienst gefallen? … dass ich mitmachen konnte – Lerndimensionen beim Thema ‚Gottesdienst' in der Arbeit mit Konfirmandinnen und Konfirmanden" in: T. Schlag / R. Neuberth / R. Kunz (2009, Hrsg), S. 222–237

Meyer, K. (2012), Gottesdienst in der Konfirmandenarbeit. Eine triangulative Studie (Arbeiten zur Religionspädagogik, Bd. 50), Göttingen

Meyer, K. / Stemm, S. (2011) „Gottesdienst", in: Th. Böhme-Lischewski / V. Elsenbast / C. Haeske u. a. (2011), Konfirmandenarbeit gestalten. Perspektiven und Impulse für die Praxis aus der Bundesweiten Studie zur Konfirmandenarbeit in Deutschland (Konfirmandenarbeit erforschen und gestalten, Bd. 5), Gütersloh, S. 80–89

Meyer-Blanck, M. (1989), „‚Inwendig, nicht auswendig'. Texte lernen mit Konfirmanden", in: ders. (1989, Hrsg.), Arbeitshilfen zu den Rahmenrichtlinien für die Konfirmandenarbeit in der Ev.-luth Landeskirche Hannovers. Erstes Heft – 1989 (Arbeitshilfen KU 15), Loccum, S. 122–132

Meyer-Blanck, M. (1992), Wort und Antwort. Geschichte und Gestaltung der Konfirmation am Beispiel der Ev.-luth. Landeskirche Hannovers (Arbeiten zur Praktischen Theologie 2), Berlin

Meyer-Blanck, M. (1993), „Glauben im Kindes- und Jugendalter. Die Konfirmandenarbeit auf dem Hintergrund der kognitionspsychologischen Stufentheorien von Fowler und Oser / Gmünder", Ev.Erz 45/1993, S. 561–573

Meyer-Blanck, M. (1996), „Liturgik und Didaktik – die Religion in Form. Zur Frage liturgischer Elemente im schulischen Religionsunterricht", in: W. Gräb (1996, Hrsg.), Religionsunterricht jenseits der Kirche? Wie lehren wir die christliche Religion?, Neukirchen, S. 83–93

Meyer-Blanck, M. (2011), Gottesdienstlehre (Neue Theologische Grundrisse), Tübingen

Neidhart, W. (1964), Konfirmandenunterricht in der Volkskirche, Zürich

Neijenhuis, J. (2001), „Der Gottesdienst ‚lernt' sich schlecht während des Konfirmandenunterrichts. Ein didaktischer Versuch aus liturgiewissenschaftlicher Perspektive", in: B. Dressler / C. Mork / Th. Klie (2001, Hrsg.), Konfirmandenunterricht. Didaktik und Inszenierung, Hannover, S. 282–295

Neijenhuis, J. (2001, Hrsg.), Liturgie lernen und lehren (Beiträge zur Liturgie und Spiritualität, Bd. 6), Leipzig

Neijenhuis, J. (im Druck, 2012) Liturgik. Gottesdienstelemente im Kontext, Göttingen

Pohl-Patalong, U. (2011), Gottesdienst erleben. Empirische Einsichten zum evangelischen Gottesdienst, Stuttgart

Rosenboom, E. (1962), Gemeindeaufbau durch Konfirmandenunterricht (Handbücherei für Gemeindearbeit 22), Gütersloh

Ryan, R. M. / Deci E. L. (2000), „Self-Determination Theory and the Facilitation of Intrinsic Motivation, Social Development, and Well-Being", American Psychologist 55/1, S. 68–78

Schildmann, J. / Wolf, B. (1979), Konfirmandenarbeit. Analyse und Konzeption, Stuttgart

Schlenker-Gutbrod. K. (2006a), „Gravierende Veränderungen", in: A. Großer / K. Schlenker-Gutbrod (2006), verknüpfen. Jugend- und Konfirmandenarbeit. Freizeit und Gruppenarbeit. Aktivgruppen gründen, Stuttgart, S. 30–48

Schlenker-Gutbrod. K. (2006b), „Die Verknüpfung von Konfirmanden- und Jugendarbeit", in: A. Großer / K. Schlenker-Gutbrod (2006), verknüpfen. Jugend- und Konfirmandenarbeit. Freizeit und Gruppenarbeit. Aktivgruppen gründen, Stuttgart, S. 49–56

Schlenker-Gutbrod, K. (2006c), „Eine Konzeption entwickeln", in: A. Großer / K. Schlenker-Gutbrod (2006), verknüpfen. Jugend- und Konfirmandenarbeit. Freizeit und Gruppenarbeit. Aktivgruppen gründen, Stuttgart, S. 144–168

Schweitzer, F. (2001), „Die Lebenswelt und religiöse Entwicklung der Kinder und Jugendlichen im Konfirmandenalter in didaktischer Perspektive", in: B. Dressler / Th. Klie (2001, Hrsg.), S. 73–87

Schweitzer, F. (2003), „Den eigenen Glauben entdecken: Konfirmandenzeit als Biographiebegleitung", in: Carsten Mork (2003, Hrsg.), Konfirmandenzeit als Biographiebegleitung (Arbeitshilfen KU Nr. 22), Loccum, S. 6–12

Schwier, H. (2011), „Das Priestertum aller Glaubenden und die Beteiligung am Gottesdienst, in: C. Schulz / M. Meyer-Blanck / T. Spieß (2011, Hrsg.), Gottesdienstgestaltung in der EKD. Ergebnisse einer Rezeptionsstudie zum ‚Evangelischen Gottesdienstbuch' von 1999, Gütersloh, S. 99–119

Siegel, H. (1984), „Gottesdienst und Konfirmanden", in: Comenius-Institut (1984, Hrsg.),Handbuch für die Konfirmandenarbeit, Gütersloh, S. 143–159

Tillmann, K.-J. (1992), „‚Spielbubis' und ‚eingebildete Weiber' – 13- bis 16jährige in Schule und peer-group", in: ders. (1992, Hrsg.), Jugend weiblich – Jugend männlich: Sozialisation, Geschlecht, Identität (Studien zur Jugendforschung 10), Opladen, S. 13–27

Volp, R. (1992), Liturgik. Die Kunst, Gott zu feiern. Band I. Einführung und Geschichte, Gütersloh

Volp, R. (1994), Liturgik. Die Kunst, Gott zu feiern. Band 2: Theorie und Gestaltung, Gütersloh

Wahl, H.-J. (2011/12), „Wir sind hereinstolziert' – Gesten und Riten der Konfirmation", unveröffentlicht, erscheint voraussichtlich im deutschen Pfarrerblatt 2012

Wahl, H.-J. (2012), „„Na ja, die Predigt' – Konfirmandinnen und Konfirmanden und der Gottesdienst", Hessisches Pfarrblatt 2/2012, S. 40–44

Wermke, M. (1997, Hrsg.), Rituale und Inszenierungen in Schule und Unterricht, Münster

Wierlacher, A. (1993), „Ausgangslage, Leitbegriffe und Problemfelder", in: A. Wierlacher (1993, Hrsg.), Kulturthema Fremdheit. Leitbegriffe und Problemfelder kulturwissenschaftlicher Fremdheitsforschung (Kulturthemen. Beiträge zur Kulturforschung interkultureller Germanistik, Bd. 1), München, S. 19–112

Ziebertz, H.-G. / U. Riegel (2008), Letzte Sicherheiten. Eine empirische Untersuchung zu Weltbildern Jugendlicher (Religionspädagogik in pluraler Gesellschaft), Gütersloh

Zinnecker, J. / Behnken, I. / Maschke, S. / Stecher, L. (2002), null zoff & voll busy. Die erste Jugendgeneration des neuen Jahrhunderts. Ein Selbstbild, Opladen